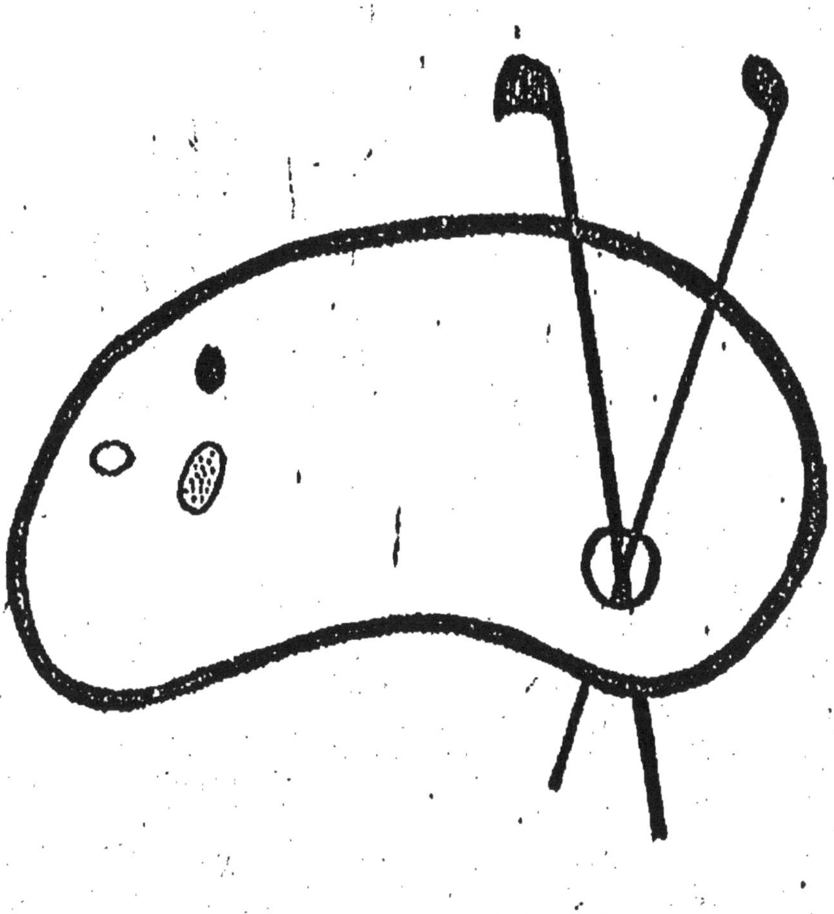

DEBUT D'UNE SERIE DE DOCUMENTS
EN COULEUR

# DES
# BIENSÉANCES
## SOCIALES
### OU
### TRAITÉ DE POLITESSE

PAR

## LE R. P. CHAMPEAU

PRÊTRE DE SAINTE-CROIX, ANCIEN SUPÉRIEUR DU PETIT SÉMINAIRE
D'ORLÉANS, SUPÉRIEUR DE NOTRE-DAME DE SAINTE-CROIX
A NEUILLY (SEINE)

NOUVELLE ÉDITION, REVUE PAR L'AUTEUR

SOCIÉTÉ GÉNÉRALE DE LIBRAIRIE CATHOLIQUE

| PARIS | BRUXELLES |
| --- | --- |
| VICTOR PALMÉ | G. LEBROCQUY |
| DIRECTEUR GÉNÉRAL | DIRECTEUR DE LA SUCCURSALE |
| | POUR LA BELGIQUE ET LA HOLLANDE |
| 25, rue de Grenelle-St-Germain | 5, place de Louvain, 5 |

1877

4963. — Paris. Imp. de Ch. Noblet, 13, rue Cujas. — 1877.

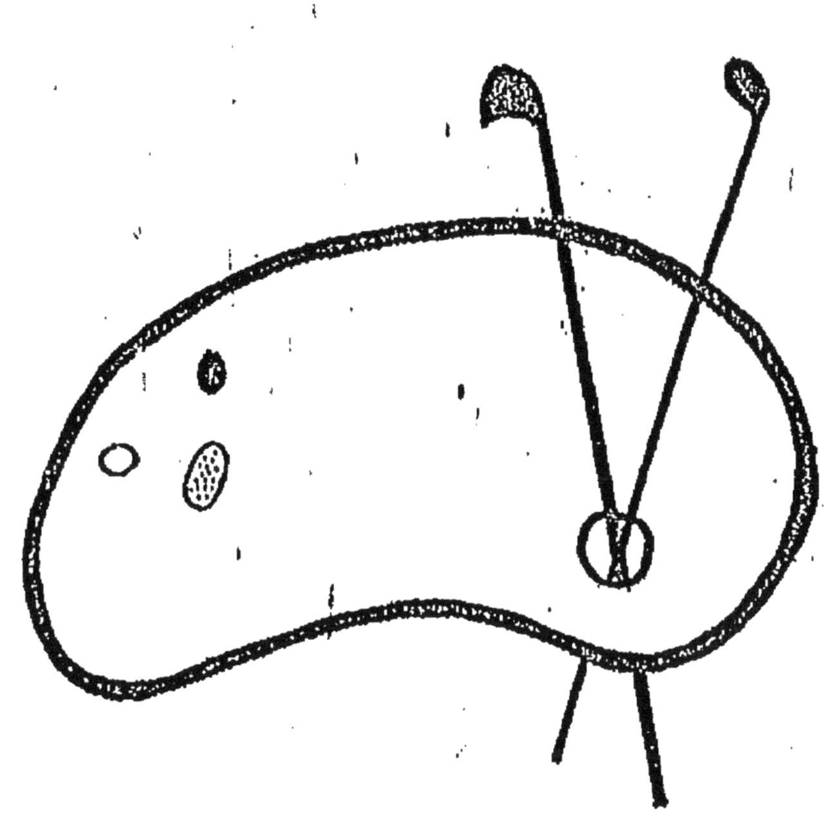

FIN D'UNE SERIE DE DOCUMENTS
EN COULEUR

DES

# BIENSÉANCES SOCIALES

PARIS. — IMPRIMERIE DE CH. NOBLET
13, RUE CUJAS. — 1877

# DES
# BIENSÉANCES

## SOCIALES

OU

## TRAITÉ DE POLITESSE

PAR

### LE R. P. CHAMPEAU

PRÊTRE DE SAINTE-CROIX, ANCIEN SUPÉRIEUR DU PETIT SÉMINAIRE
D'ORLÉANS, SUPÉRIEUR DE NOTRE-DAME DE SAINTE-CROIX
A NEUILLY (SEINE)

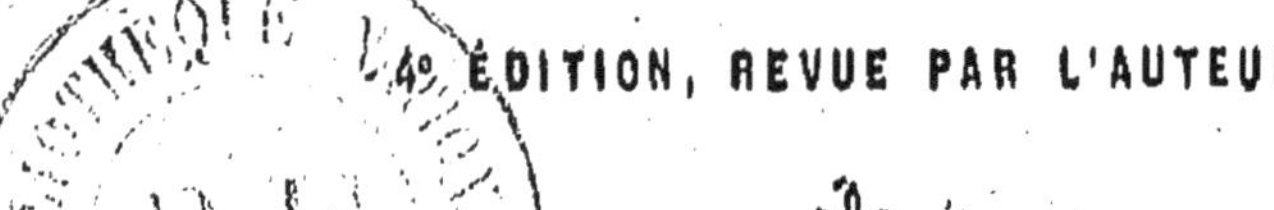

4ᵉ ÉDITION, REVUE PAR L'AUTEUR

## SOCIÉTÉ GÉNÉRALE DE LIBRAIRIE CATHOLIQUE

| PARIS | BRUXELLES |
|---|---|
| **VICTOR PALMÉ** | **G. LEBROCQUY** |
| DIRECTEUR GÉNÉRAL | DIRECTEUR DE LA SUCCURSALE |
| | POUR LA BELGIQUE ET LA HOLLANDE |
| 52, rue de Grenelle-St-Germain. | 5, place de Louvain, 5. |

1877

# AVERTISSEMENT

Ce livre a été écrit principalement pour les maisons d'éducation, où se trouvent des jeunes gens de toutes les classes de la société et de tous les âges, depuis dix ans jusqu'à vingt, qui ont tous besoin d'une multitude d'avis sur les bienséances, et qui, cependant, montrent en général peu de goût pour la lecture souvent aride des traités de *Politesse*. Ceci expliquera et justifiera, je l'espère, le fond et la forme de ce petit ouvrage, où nous avons essayé de réunir l'agrément et l'utilité, en prenant la religion pour base de tous nos principes. Le rapide écoulement des trois premières éditions augmente la confiance que nous donnait déjà l'approbation suivante :

« C'est avec un vrai plaisir et un vif intérêt que j'ai parcouru votre ouvrage sur les *Bienséances sociales*, et je vous félicite d'avoir considéré l'esprit chrétien, le sentiment religieux, comme le fondement de la politesse. Elle trouve, en effet, sa source et son appui dans les vertus les plus éminentes de la religion, qui sont : la mortification, l'humilité et la charité, puisque la politesse demande qu'on réprime ses passions, qu'on s'oublie au point de ne parler presque jamais de soi, qu'on prévienne les autres en tout, sans s'occuper de soi-même, et qu'on s'impose des privations nombreuses pour les épargner aux autres.

« Votre livre me paraît de nature à intéresser les enfants par la manière même dont vous leur présentez leurs défauts, dans une série de portraits où chacun pourra facilement se reconnaître; et je pense qu'il peut leur être plus utile que tous les manuels de politesse que je connais (1).

« Aussi me fais-je un devoir de l'approuver pour toutes nos maisons d'éducation, et de le recommander à tous ceux qui les dirigent. »

**MOREAU,**

Supérieur général des Prêtres de Sainte-Croix
et des Frères do Saint-Joseph.

---

(1) Un homme très-compétent disait : « Je voudrais que tous les pères de famille lussent ce livre en entier; deux jours après, il serait dans les mains de leurs enfants. »

# A MES CHERS ÉLÈVES

Je vous offre ce livre, mes chers enfants, comme un gage de mon amitié et du grand désir que j'ai de vous rendre parfaits. C'est le résumé des leçons de politesse chrétienne que vous recevez chaque jour. En le lisant et le méditant, vous apprendrez à devenir aimables, je veux dire vraiment dignes d'être aimés, car Dieu et les hommes ne sauraient manquer de chérir des jeunes gens qui mettent en pratique les maximes de l'Évangile et qui ont dans le cœur ces précieuses vertus morales, dont la vraie politesse est le reflet. Quelque part ensuite que la divine Providence vous conduise, dans la magistrature, dans l'armée, dans l'industrie, dans les plus hautes dignités, comme dans les plus humbles fonctions, vous acquerrez l'estime, vous aurez des amis, et je serai fier d'être compté parmi les premiers.

L'AUTEUR.

Paris, le 10 septembre 1888.

# AVANT-PROPOS

## A LA JEUNESSE CHRÉTIENNE

--------

> *Vir amabilis ad societatem, magis amicus erit quam frater.*
>
> (Prov., xviii, 24.)
>
> L'homme dont la société est aimable sera plus aimé qu'un frère.

J'entends par *bienséances sociales* tout ce qui *sied* à l'homme dans ses rapports avec ses semblables; c'est la *politesse* dans sa plus large acception; c'est le *savoir-vivre*, enfin, qui donne à la société ses principaux charmes.

Ne croyez pas que la vraie politesse soit seulement dans les formes; elle prend sa source dans l'âme, dans les qualités les plus précieuses de l'esprit et du cœur; et c'est seulement en ce sens qu'elle est le perfectionnement de la bonne éducation, et comme le *poli* de la science et de la vertu. Nous ne devons pas l'entendre autrement.

Elle a pour base le respect et la charité, pris dans leur sens le plus élevé et le plus chrétien. C'est ce qui vous expliquera pourquoi tant d'hommes aujourd'hui ne sont pas polis, et pourquoi plusieurs dédaignent de l'être; jamais, en effet, l'insolence et l'égoïsme n'ont été plus communs.

Écoutez un des prélats les plus distingués de notre époque (1) : « Le respect suffit à l'inspiration de toutes les vertus et à l'accomplissement de tous les devoirs envers Dieu, envers ses semblables, envers soi-même.

« Est-il question des devoirs envers Dieu? Respectez son saint nom, respectez sa présence, respectez son saint temple, respectez sa parole; le respect, c'est la religion...

« Qu'est-ce que le respect filial? C'est le respect de Dieu présent dans un père, dans une mère...

« Est-il question de vos semblables ? Respectez leur honneur, leur fortune, leur vie ; respectez à leur égard la vérité, la charité, la justice.

« Est-il question de mœurs? Respectez-vous vous-même ; ce respect vous suffit. Qu'est-ce que la pudeur, si belle et si pure sur le front de la jeunesse, si sainte et si noble dans les regards de l'âge mûr, si vénérable dans les cheveux blanchis d'un vieillard, sinon la délicatesse la plus élevée du respect?...

« Quand on ne respecte ni Dieu ni les hommes, il y a longtemps qu'on ne se respecte plus soi-même ; et alors nul ne sait les bassesses intellectuelles, morales et physiques, auxquelles il est donné d'atteindre.

« Et cependant, il faut l'avouer avec douleur, qui

_______

(1) Mgr Dupanloup.

n'a entendu s'élever de toute part contre la jeunesse du siècle les plus amères plaintes? Ceux-là mêmes qui faisaient profession de lui prodiguer de si funestes louanges l'accusent aujourd'hui d'une insupportable hauteur, d'un mépris outrageant pour la vieillesse, et d'une indocilité déplorable, qui, devenue impatiente de tout frein, foule aux pieds trop souvent toutes les bienséances, se révolte insolemment contre les vérités les plus saintes, et quelquefois brise avec violence les liens les plus sacrés. » (*Discours à une distribution de prix*.)

Vous n'êtes pas de cette jeunesse impie, mes chers enfants, et vous ne mériterez jamais de pareils reproches; les saintes lois du respect ne seront point méprisées par vous : votre foi m'en est un sûr garant.

Le respect vraiment chrétien procède de la charité. C'est là qu'il prend sa source et qu'il puise ce qu'il a de plus aimable. Qui n'a pas admiré, en des âmes formées par la religion, cette charité humble, patiente, douce, compatissante, généreuse, qui s'oublie soi-même pour ne penser qu'aux autres; cette charité toute divine que Notre-Seigneur Jésus-Christ a apportée sur la terre, qu'il a pratiquée le premier et qu'il nous a si soigneusement recommandée, comme le signe distinctif de ses disciples?

« Je vous donne un commandement nouveau, disait-il : Aimez-vous les uns les autres comme je vous ai aimés moi-même. Ce sera à cette charité mutuelle qu'on vous connaîtra pour mes disciples. » (*Évang. S. Jean.*)

C'est cette charité dont saint Paul faisait l'éloge et la description aux Corinthiens (1 Cor., XIII) :

« La charité est patiente, elle est douce et bienfaisante; la charité n'est point envieuse, elle n'est point téméraire et précipitée, elle ne s'enfle point d'orgueil; elle n'est point ambitieuse, elle ne cherche point ses propres intérêts; elle ne se pique point, elle ne s'aigrit point; elle n'a point de mauvais soupçons, elle ne se réjouit point de l'injustice, mais elle se réjouit de la vérité; elle supporte tout, elle croit volontiers ce qu'on lui affirme, et elle espère toujours bien du prochain. »

Cette charité chrétienne devient en propres termes la politesse, dans la bouche même de l'Apôtre : « Que votre charité, dit-il, soit sans déguisement; que chacun ait pour son prochain une affection et une tendresse vraiment fraternelles; prévenez-vous les uns les autres par des témoignages d'honneur et de déférence. Soyez charitables pour soulager les nécessités de vos frères en Jésus-Christ, et prompts à exercer l'hospitalité. Bénissez ceux qui vous persécutent; bénissez-les et ne faites point d'imprécation contre eux. Soyez dans la joie avec ceux qui sont dans la joie, et pleurez avec ceux qui pleurent. Tenez-vous toujours unis de sentiments, ne vous élevant point en vous-mêmes, mais vous abaissant avec les humbles... Ne rendez à personne le mal pour le mal, mais faites le bien devant Dieu et devant les hommes, et vivez en paix avec tous, autant qu'il dépendra de vous.

« Ne vous vengez point, mes chers frères, mais reposez-vous-en sur Dieu, qui s'est réservé la vengeance. Et si votre ennemi a faim, donnez-lui à manger; s'il a soif, donnez-lui à boire... Ne vous laissez point vaincre par le mal, mais travaillez à vaincre le mal par le bien. » (*Rom.*, *XII*, 9 *et suiv.*)

« Que nul mauvais discours ne sorte de votre bouche... Que toute aigreur, tout emportement, toute colère, toute crierie, toute médisance, enfin toute malice soit bannie d'entre vous; mais soyez bons les uns envers les autres, vous pardonnant mutuellement; comme Dieu vous a pardonné. » (*Ephés.*, *IV*, 29 *et suiv.*)

« Rendez à tous, dit aussi saint Pierre, l'honneur qui leur est dû; aimez vos frères, craignez Dieu, et obéissez à ceux qui commandent. » (*I Pierre.*)

« Mes bien-aimés, ajoute saint Jean; n'aimons pas seulement en paroles et par la langue, mais par les œuvres et en vérité. » (*I Jean*, *IV*, 18.)

Je pourrais multiplier les citations; mais n'est-ce pas assez pour vous montrer que la charité, qui comprend à elle seule tous les devoirs sociaux, est la politesse du cœur? Se peut-il qu'un homme, plein d'affection et de déférence pour ses frères, ne soit pas un homme sociable et vraiment aimable? Que lui manque-t-il, en effet, pour être parfaitement poli aux yeux de tout le monde? Certaines manières, certaines formules, des procédés et un langage de convention, dont la connaissance ne s'acquiert que dans la bonne société. Mais qu'est-ce que cela? Des choses purement accessoires, des formes qu'il faut respecter et savoir, sans doute, mais qu'on ne peut mettre en comparaison avec cette politesse du cœur, qui est de tous les temps et de tous les lieux, et qui charmerait les hommes les plus sauvages.

« J'ai vu dans les lieux les plus agrestes de la nature, dit le prélat déjà cité, et aux sommets des Alpes les plus reculées, des montagnards en qui j'ai remarqué une dignité plus haute et une plus douce politesse que chez les habitants des villes. Ces braves gens montraient tout à la fois une aisance et une réserve pleines de charme; sans hardiesse déplacée, sans pénible embarras, ils étaient vrais, simples, bons, respectueux, obligeants, serviables. » (*De l'Education.*)

C'est pourquoi je n'hésite point à dire, que le premier livre, le premier code de politesse est l'Évangile, et que la politesse doit être pour vous, mes enfants, non l'art frivole de plaire, mais une vertu chrétienne. Il serait d'ailleurs indigne de mon caractère sacerdotal de vous apprendre à plaire au monde par des formes mensongères; mais je crois travailler à la gloire de Dieu et au bien de vos âmes en vous enseignant à pratiquer, dans leur perfection, les plus belles et les plus aimables vertus du christianisme, en vous révélant des défauts qui les dépareraient ou qui même les anéantiraient, et en vous apprenant certains usages qu'il est nécessaire de savoir, parce que les hommes y attachent de l'importance.

La politesse, considérée comme forme, donne aux vertus chrétiennes un de leurs principaux charmes; elle adoucit l'austérité des unes, fait briller l'aménité des autres; elle tempère ce qu'il y a de dur dans la force, rend aimable ce qui est simplement respectable dans l'autorité, voile les allures quelquefois blessantes de l'égalité sous les traits flatteurs de la déférence, embellit la tendre charité de ses attraits les plus séduisants, et fait souvent illusion jusqu'à effacer aux yeux les difformités physiques : c'est l'amabilité de la vertu avec sa magique puissance.

Mais, sitôt que vous essaierez sérieusement d'être polis, si déjà vous ne l'avez fait, vous vous apercevrez qu'il faut pour cela se renoncer soi-même à chaque instant et pratiquer sous mille formes la mortification chrétienne. Tant il est vrai que la morale évangélique est la base des vertus sociales et même de la simple civilité! Les hommes du monde s'y résignent pour plaire aux créatures, et le font avec un courage que n'ont pas toujours ceux qui se proposent uniquement de plaire à Dieu. Il est vrai qu'ils s'en dédommagent souvent en leur particulier, tandis qu'un chrétien se respecte trop pour déchirer en arrière ceux qu'il a comblés de politesse en face. Mais ne faut-il pas, au moins, qu'ayant les mêmes raisons temporelles et de plus des intérêts éternels pour nous déterminer à rendre notre vertu aimable, nous ne restions pas au-dessous de ceux qui sont privés de la foi? La religion nous conseille la perfection, et la vraie politesse, je le répète, n'est que la perfection du bien dans les relations sociales.

Vous entrevoyez déjà peut-être que les plus grands obstacles à la vraie politesse sont nos défauts : notre sensualité, notre légèreté, notre orgueil, notre égoïsme, notre ambition, nos bizarreries de caractère, nos mauvaises habitudes, enfin tout ce que l'Évangile condamne dans un chrétien. Qu'en faut-il conclure? C'est que le premier pas vers la politesse est la destruction de ces défauts. Voilà, en effet, les vraies sources de toutes les indélicatesses, de toutes les inconvenances morales, enfin de l'impolitesse, surtout en ce qu'elle a de plus grave. Car, en dehors de là, que reste-t-il, sinon des fautes d'ignorance ou de manque de tact? Or on évite les premières et quelques-unes des secondes par l'étude des usages, et on peut pallier le reste par d'autres qualités aimables.

La première chose à faire étant donc de lever les obstacles, nous commencerons par signaler les défauts qu'on doit détruire, en montrant les fautes qu'ils font commettre le plus communément. Ensuite nous parlerons directement des règles et des usages qui font loi partout, et spécialement en France, dans le siècle où nous vivons.

# PREMIÈRE PARTIE

## CE QU'IL FAUT ÉVITER

Nous classerons vos défauts les plus graves contre la bienséance sous quatre titres : la sensualité, l'étourderie, l'orgueil, le manque de tact et d'usage.

Vous m'accuserez peut-être, chers amis, pendant que je vous critiquerai sans trop de ménagement, de pratiquer peu la politesse que je vous enseigne. Mais la nécessité est une excuse, et le désir de vous être utile en est une autre, qui m'inspire encore plus de confiance. De même qu'on ne polit point une statue de bois ou de marbre sans l'entamer légèrement, de même il n'est guère possible de vous faire subir une opération morale à peu près analogue, sans quelque froissement et peut-être quelque déchirement. J'ai donc bien lieu de croire que vous me le pardonnerez, en considérant que je ne veux pas vous blesser, mais seulement faire disparaître vos défauts.

# SENSUALITÉ

La vie des sens est la première qui se développe dans l'homme; elle le domine tellement durant ses premières années, qu'il y a souvent peu de différence apparente entre l'enfant et l'animal. Cette prépondérance de la vie sensuelle se maintient longtemps, c'est-à-dire pendant toute l'enfance, l'adolescence et souvent une partie de la jeunesse, mais à des degrés différents. Il est même des hommes en qui elle existe toujours. Ce n'est que peu à peu, par le développement lent et difficile de l'esprit, par l'action combinée de la raison et de la foi, que la vie intellectuelle et morale grandit et se constitue. Sachez-le bien, mes enfants, l'esprit ne se développe, le cœur ne se forme, l'homme moral ne s'élève à la perfection de sa nature, que par des efforts continuels, par une lutte incessante, par une guerre de tous les instants contre les appétits de sa chair, contre les instincts avilissants de sa nature, contre la concupiscence effrénée de ses sens. Ce n'est qu'en luttant contre la paresse, la gourmandise, la recherche de ses aises et toutes les convoitises de la sensualité, que l'on s'habitue à vivre en homme et surtout en chrétien. C'est donc là un véritable devoir d'honneur et de conscience, et c'est en même temps un devoir de politesse ou plutôt une nécessité pour devenir poli.

Tout le monde, en effet, déteste dans les autres les

défauts que je viens de signaler, et l'on appelle mal élevé, grossier, l'enfant qui s'y abandonne. C'est pourquoi, vous le voyez, la base même de la politesse est évidemment la mortification prêchée par saint Paul : *Ceux qui appartiennent à Jésus-Christ ont crucifié leur chair avec ses vices et ses convoitises* (Gal., v, 24).

Les enfants sensuels sont mous, malpropres, paresseux, et, à cause de cela, ennuyeux, grossiers, malhonnêtes, quelquefois dégoûtants.

Robert est un de ces enfants. Sa mollesse et sa lâcheté se montrent dans son maintien. Il ne sait pas se tenir debout, droit, avec une attitude modeste, même dans les compagnies les plus respectables : il s'appuie sur une jambe avec nonchalance, laisse aller son corps de l'autre côté, penche sa tête en avant ou sur l'épaule; vous diriez qu'il n'a pas la force de se porter. Les avis répétés qu'on lui donne échouent contre son apathie.

S'il change de place, c'est pour aller s'appuyer sur une cheminée, sur une commode, ou quelque meuble destiné à un tout autre usage. S'il a des condisciples à côté de lui, il s'accoude sur eux; même en se promenant, il se fait porter à demi par les autres. Il leur devient tellement à charge, que chacun le fuit comme un fardeau.

Lorsqu'il était plus jeune, il était toujours couché par terre, et s'y amusait des heures entières à des riens. Aujourd'hui encore, quand il est seul et qu'il est libre, par exemple, pendant les vacances, c'est sa posture de prédilection. Dans sa chambre, il s'étend nonchalamment sur un siége ou même sur son lit, et passe des demi-journées à ne rien faire ; quelquefois il s'y endort.

Le sommeil est pour lui le premier bienfait du Créateur. Aussi, le matin, se lève-t-il le plus tard possible, après se l'être fait ordonner dix fois par sa trop bonne mère, et seulement quand il ne peut plus résister. Il dort volontiers le jour, surtout lorsqu'il fait un peu chaud. Le soir, il se couche le plus tard possible. Ce n'est pas qu'il n'aime beaucoup le lit et le repos ; mais c'est que, pour se coucher, il faut se remuer, faire sa prière, quitter ses habits, c'est-à-dire se gêner un peu avant de jouir. Voilà ce qui le retient. S'il pouvait dormir au coin du feu, comme les chats gâtés, il ne se ferait pas tant prier.

Il n'a pas le courage de se tenir assis comme un autre. Il se couche sur le dossier de sa chaise ; ou, s'il n'a pas de dossier pour s'appuyer, il se courbe le dos en arçon, s'affaisse sur lui-même, pose ses coudes sur ses genoux et souvent met sa tête dans ses mains, comme si son cou ne pouvait la porter.

Il s'ennuie de toutes les postures, et, pour se délasser, il allonge les jambes, il les croise en tout sens ; il se penche sur un côté, puis sur un autre : il laisse tomber ses bras ou les cramponne aux bras et au dos de son fauteuil ; il ne sait comment se poser ; il souffre visiblement de ne pouvoir se coucher à terre, comme les petits chiens de la maison.

S'il est auprès du feu, il s'appuie contre la cheminée ; quelquefois il a le courage de tisonner pour se distraire, mais plus souvent il soupire, il bâille, en regardant négligemment la compagnie, avec des yeux qui disent : Que c'est ennuyeux !

Qu'est-ce qui l'ennuie ? Hélas ! il n'en sait trop rien. C'est d'avoir un corps à porter, ou plutôt de ne savoir comment le placer pour qu'il soit bien. Pauvre enfant !... Le remède à un si grand mal ? C'est qu'il se souvienne qu'il a une âme plus noble que son corps ; que l'âme doit commander et le corps obéir ; qu'un chrétien doit traiter sa chair comme une bête exigeante et indocile, toujours disposée à regimber et à se faire servir quand on la ménage trop, mais qui se laisse conduire avec docilité par une main vigoureuse et une âme énergique. Voilà le remède.

Mais, au contraire, tout le courage qu'il a est de prendre partout la place la plus commode, l'attitude la plus aisée, même au détriment des autres et en dépit de toutes les convenances. Par exemple, loin de céder jamais sa place à une dame, à un vieillard, à une personne au-dessus de lui, comme la politesse le prescrit, il se met dans le meilleur fauteuil, le plus près du feu, à côté de la lumière et quelquefois devant, chez les étrangers comme chez lui. Il faut que sa mère l'en chasse, en rougissant pour lui.

Il se plaint toujours de la température et des saisons. En hiver, il pleure de froid ; il marche tout courbé, rapetissé, en double ; ses membres sont à demi perclus. Cependant il est couvert de tant de vêtements, qu'il en est ridicule. Pour ne pas geler, il se fourre jusque dans la cheminée, malgré la cruelle épithète de *cendrillon*, qu'on lui jette de toutes parts. En été, il gémit de la chaleur. Lorsqu'elle est intense, il ne voudrait plus souffrir de vêtements; il souffle, il étouffe, il ne sait plus que devenir. Il ouvre ses habits, il s'étend languissamment sur une chaise, en s'essuyant le visage, ou bien il se dépouille et court à la fenêtre sans respect pour les étrangers qui le visitent. Si vous ne le connaissiez pas, vous croiriez qu'il va se trouver mal; mais vous savez qu'il ne souffre pas plus que vous. Lorsqu'il est obligé de marcher, il se traîne à peine. Parlez-lui de travailler, il déclare hautement que la chaleur est trop grande et qu'il ne peut plus rien faire; c'est-à-dire qu'il est trop lâche pour vouloir ce qu'il peut et ce qu'il doit faire. Triste personnage, qui ne sera littéralement bon à rien !

Ernest et Jules ont une partie de ces défauts, et sont en outre gourmands. La portion principale de leur être, c'est le ventre. Voilà, véritablement le dieu de leur esprit et de leur cœur; toutes leurs facultés paraissent au service de cette idole.

Mais Ernest est moins grossier : il aime particulièrement les bonbons et les morceaux délicats; tandis que Jules est, à proprement parler, goulu : il préfère la quantité à la qualité.

Quelqu'un ayant expliqué devant eux la différence

qu'il voyait entre la friandise et la gourmandise, Ernest ne permit plus qu'on l'appelât gourmand; il laissa cette qualification injurieuse à son frère, et prit pour lui-même celle de friand. Interrogé pourquoi la friandise lui souriait davantage, il répondit en se suçant les lèvres : C'est que, après avoir mangé, l'on a encore faim.

Cette fine réponse vous révèle son habileté précoce: il sait déjà ménager son appétit et prolonger le plaisir du gosier. Que ne saura-t-il pas faire plus tard !

Élevé à Paris et gâté par ses bonnes, suivant l'usage, il a mangé plus de sucreries et de petits pâtés que de pain ordinaire. Aussi sa santé est-elle débile, sa figure pâle, son estomac sans vigueur, et ses goûts dépravés. En revanche, son système nerveux s'est développé, sa sensibilité est excessive, et il porte en lui les germes de mille douleurs, physiques et morales, qui sont fécondés par cette nourriture échauffante.

Ses parents sont complices de ce désordre; car, non-seulement ils ne lui refusent rien, mais ils le provoquent. Vous le rencontrez rarement sans lui voir à la main un bâton de sucre d'orge, que la salive fait fondre dans ses doigts sales et gluants. Ses poches sont souvent pleines de pain d'épice et de friandises sèches. Si vous aviez la curiosité de les retourner, vous seriez surpris de la variété des débris qui sont restés au fond, comme témoignage de ses jouissances passées.

Aujourd'hui il a douze ans, et il ne sent pas encore combien sont ridicules ces caprices sensuels, lorsqu'on a atteint l'âge de raison. L'habitude en est tellement invétérée chez lui qu'il en est esclave, et que les rires moqueurs des enfants sensés ne le corrigent pas. Il dépense en achat de pralines et de gâteaux tout l'argent que sa famille lui donne pour ses menus plaisirs; c'est en effet la plus douce satisfaction qu'il envie.

Il sait le nom, le prix, le goût de toutes les sucreries et de toutes les pâtisseries; il pourrait vous en réciter la nomenclature beaucoup mieux que ses déclinaisons grecques ou latines.

Il parle souvent de ce qu'il a mangé ou de ce qu'il mangera; et il y pense encore beaucoup plus qu'il n'en parle, car il craint de montrer toute sa gourmandise.

La vue d'une table chargée de mets délicats le délecte jusqu'au fond des entrailles. Il s'y assied avec des yeux rayonnants, un visage épanoui, une bouche légèrement ouverte, et l'on voit que son estomac se dilate par avance à l'odeur des sauces et des viandes.

Il observe surtout certains plats, et, dans ces plats, certains morceaux qu'il convoite, qu'il suit de l'œil, qu'il craint de voir prendre par un autre convive; et, s'ils parviennent jusqu'à lui, il les saisit avec un empressement mal déguisé, comme une proie qu'il tremblait de voir échapper.

Il mange vite, pour arriver à temps et goûter à tout. Il regarde de temps en temps autour de lui si ses voisins ne vont pas le devancer. Son inquiétude devient surtout visible quand il voit diminuer rapidement un plat dont il veut à toute force manger sa part.

Les jouissances que sa bouche éprouve se peignent dans tous ses traits; il savoure chaque bouchée avec une telle volupté, que ses lèvres écarlates l'expriment par un petit bruit caractéristique. Son nez, délicieusement affecté, se sent attiré doucement vers l'assiette et y incline le visage, comme si l'enfant y voyait de près. Le cœur sans doute y est aussi tout entier.

De temps en temps, il se relève pour boire; et, en buvant, il déguste avec éclat la liqueur enchanteresse. Ses yeux brillent d'un feu plus vif, il sourit aux convives, et se repose un instant dans sa félicité, pour goûter ensuite davantage la saveur des morceaux qui doivent y mettre le comble.

C'est au dessert qu'il attend les jouissances les plus exquises. Dès son arrivée, il avait jeté un regard furtif sur les fruits et les sucreries, et il avait déjà décidé ce qu'il prendrait; car on ne peut pas prendre de tout, ce serait trop grossier et d'ailleurs difficile. Le grand art consiste à choisir ce qu'il y a de meilleur, sans que personne s'en aperçoive. Or, notre friand y met tous ses soins; et, pour être juste, nous conviendrons qu'il y est fort habile. Cependant il ne réussit point assez complétement, malgré ses ruses, pour cacher sa gourmandise et pour en éviter la flétrissure. Les autres enfants rient de lui, et les grandes personnes le méprisent.

Jules s'attire encore plus vite le mépris, parce qu'il est plus avide et moins réservé. Sa gourmandise est si grossière, qu'il me répugne de la peindre dans tous ses détails.

Quand ses parents le conduisent à un grand repas, il dévore des yeux tout ce qu'on y sert, et rit avec un trépignement de joie à la vue d'un plat qui flatte son appétit déréglé.

Ordinairement il mange peu de potage, à moins qu'il ne soit excellent; il se réserve. Mais, quand il est de son goût, il le mange à grandes bouchées, en aspirant bruyamment le bouillon, et sa cuiller débordant de toute part. Quelquefois même il lui arrive de prendre son assiette et de la porter à sa bouche, pour avaler le reste d'un trait et en finir plus vite; car la politesse ne donnant aucune satisfaction appréciable par le ventre, il s'en met peu ou point en peine.

Il accepte ensuite tout ce qu'on lui offre et demande même ce qu'on ne lui offre pas, en regardant le plat avec une convoitise si patente que tout le monde voit sa gourmandise. Puis il dévore plutôt qu'il ne mange, tant il le fait avec gloutonnerie. Au mouvement et au bruit de ses mâchoires, vous croiriez qu'il broie du foin, comme faisaient les animaux dont il ronge la chair.

Il paraît toujours craindre que le temps ou les plats

ne viennent à lui manquer; il se hâte tant qu'avant d'avoir avalé ce qu'il avait dans la bouche, il y met de nouveaux morceaux. Puis, il n'a pas fini, sa bouche est encore pleine, qu'il présente déjà son assiette, demandant, par signes et avec des yeux avides, ce qu'il ne peut demander de vive voix. Ou bien, s'il essaie de parler, il souffle sur la table une partie des miettes de pain qui sont sur ses lèvres.

Pour hâter la déglutition, qui n'avance pas au gré de ses désirs, il boit, non comme les autres, après avoir vidé sa bouche, mais avant; c'est un des secrets du métier. Puis, quand il a bu, remarquez sur les bords de son verre l'empreinte de ses lèvres pleines de graisse; ses doigts y sont aussi marqués.

Il ne s'en aperçoit pas; il est trop occupé. Il souffle par le nez, il est quelquefois haletant; dans l'été, la sueur lui coule du front. Les gens sobres et spirituels l'observent et rient secrètement; mais il n'en voit rien, il ne voit que ce qu'il a dans son assiette, et ne se préoccupe que de ce qu'il pourra y mettre bientôt.

Il oublie de boire; il s'en aperçoit, quand son gosier trop plein s'encombre et qu'il étouffe. Alors il se fait verser du vin à plein verre, et le boit tout pur, si sa mère n'est là tout près pour l'obliger à y mettre de l'eau.

Ce petit intervalle lui donne le temps de respirer, de sentir combien il a mangé. Il jette un long regard sur la table et sur les convives, avec un air de satisfaction qui lui est particulier. A la joie qui éclate dans ses yeux et sur ses joues rubicondes, vous reconnaissez facilement qu'il est le plus heureux des... j'allais dire des enfants, mais ne vaudrait-il pas mieux dire des animaux?

La plupart des animaux sont plus sages que lui; car ils cessent de manger quand ils n'ont plus besoin. Mais ce gourmand, quand il est rassasié, mange encore et regrette de n'avoir plus faim. Il boit coup sur coup, pour rendre quelque sensibilité au gosier et pour se creuser un peu l'estomac; puis il charge cet organe outre mesure, et s'expose à plus d'une maladie.

Il prend du dessert le plus qu'il peut, et quelquefois il a la grossièreté d'en mettre dans ses poches, pour l'emporter et le manger plus tard.

Si on ne l'en empêchait, il prendrait de tous les vins, puis du café et des liqueurs, comme un homme dont le tempérament est formé. Il ignore que des enfants ruineraient par là leur santé, et que d'ailleurs, à tout âge, un homme bien élevé doit être fort sobre. Son ventre se résigne avec peine à cette morale; car il a déjà pour boire une sorte de passion qui épouvante ses parents. Plus d'une fois il est sorti de table, la tête tout en feu et l'esprit aux champs; il fallait le faire disparaître furtivement de la compagnie, où son honneur n'était déjà que trop compromis. Ordinairement on ne lui permet pas de s'oublier à ce point, mais il faut qu'on soit bien attentif pour l'empêcher de faire quelque excès.

Enfin, quand il est bien repu, il étend les bras, il se met à l'aise, il se dilate, il souffle, semblant dire : « Ah! que j'ai bien mangé! » Il est heureux, son ventre ne désire plus rien! Mais son bonheur pourra être troublé pendant la nuit; car on dit tout bas que souvent il fait lever les domestiques, à cause de ses indigestions.

Nous avons oublié une circonstance importante, que son impolitesse finale nous rappelle.

Il avait, dès le commencement, retroussé ses manches, comme un cuisinier, attaché sa serviette à son cou, comme un homme qui va se faire la barbe, ouvert ses vêtements et pris ses aises, comme un opérateur, pour n'éprouver aucune entrave; il rétablit toute chose en son état naturel, avec grand bruit, secouant sa serviette dans les verres ou sur les habits de ses voisins, ouvrant son mouchoir, crachant et se mouchant, puis s'arrachant des dents quelques filets de viande, avec le bout des doigts ou tout au moins avec son couteau, comme les gamins qui n'ont vu de leur vie un cure-dent.

Ajoutons ici, pour compléter son portrait, que sa gourmandise le poursuit partout. A l'église, quand le pain bénit paraît bon, il en prend avidement tout ce que sa main peut en contenir. Chez les étrangers qu'il va visiter, il accepte tout ce qu'on lui offre, et abuse de la liberté qu'on lui donne, pour prendre au delà de toute convenance. A la maison, il épie les friandises et ne se fait pas scrupule de les dérober.

On l'a même vu voler du sucre et des fruits chez un ami.

On comprend qu'un pareil enfant trouve toujours à redire à la cuisine du collége. Il ne cesse de se plaindre, quoiqu'il soit démenti par son embonpoint. Sous le rapport des murmures, il n'est surpassé que par certains enfants pauvres, devenus gourmands, qui n'avaient mangé chez leurs parents autre chose que des légumes ; car ceux-là sont souvent les pires de tous.

Dépourvu de sentiments nobles et profondément égoïste, il ne dépense qu'en friandises l'argent dont il dispose, et fait rarement l'aumône. Soulager un pauvre, prêter à un ami, concourir à une bonne œuvre ou à un amusement commun, ne lui offrent aucun attrait, parce que son palais et son ventre n'y trouvent pas de satisfaction ; il n'a pas de cœur.

Il est parcimonieux jusqu'à descendre aux petitesses de la lésinerie et de l'avarice, dans les occasions où un jeune homme bien né se croit obligé d'être généreux. Il lui est arrivé de ne pas aller à certaines promenades, de ne point entrer dans de petites associations, de refuser même des distinctions honorables, pour s'épargner une modique dépense et se ménager des ressources en faveur de sa gourmandise. Il a beau cacher ces basses industries, les autres élèves ne s'y trompent point et ne peuvent s'empêcher de le mépriser ; car, si l'égoïsme et l'épargne sordide sont odieux, ils ne le sont jamais plus que quand ils ont un motif si avilissant.

Voilà un bien vilain caractère, mes chers enfants; je suis sûr qu'il vous inspire du dégoût et de l'horreur. Quoi! l'homme n'a-t-il donc été mis sur la terre que pour rassasier son ventre? n'a-t-il pas à envier de plus nobles jouissances? Laissez à de vils animaux des plaisirs si grossiers. Vous avez une âme créée à l'image de Dieu, un esprit et un cœur, dont les sublimes instincts vous révèlent une autre source de bonheur. Élevez-vous au-dessus de la chair et de la boue. « Prenez garde, dit Notre-Seigneur, que vos cœurs ne s'appesantissent par le vin et la bonne chère (*Luc, XXI*). » Mangez pour vivre, mais ne vivez pas pour manger.

Ce pauvre enfant a un cousin qui lui ressemble beaucoup, et auquel il se compare avec orgueil, quand on lui adresse des reproches : « Du moins, dit-il, je ne suis pas sale comme mon cousin ! » Sotte excuse !

La propreté n'est pas, en effet, la vertu favorite de cet autre gourmand; pour s'en convaincre, il suffirait de considérer, sur la table, à sa gauche, le pain qu'il a émietté comme pour des moineaux, à sa droite les taches qu'a faites sa fourchette ou son couteau, et dans tout son petit arrondissement les placards de différentes couleurs qui attestent sa maladresse, en même temps que la diversité des sauces qu'il a voulu savourer.

Je ne parle pas de sa serviette, elle était destinée à ses outrages; mais n'y jetez point les yeux.

Vous avez pu remarquer qu'il ne songe jamais à

laver ses mains avant de se mettre à table, lors même qu'elles sont sales, à moins que leur malpropreté ne soit très-apparente; et, malgré cela, il manie le pain, les couverts, les assiettes, comme si rien n'était.

En mangeant, il met souvent ses doigts dans la sauce; et, si vous le priez de vous passer du pain, un couvert, ou un autre objet, il le saisit sans s'essuyer et vous le remet dans un état dégoûtant.

S'il partage quelque chose avec vous, il se sert pour cela de sa fourchette ou de sa cuiller, qu'il a léchée; et si des mouches s'approchent de ce qu'il va vous donner, il les chasse en soufflant dessus, comme si son haleine était propre à vous donner de l'appétit.

Il se lèche les doigts, quand il y voit de la graisse qu'il aime; il se sert de son couteau en guise de fourchette et le met souvent dans sa bouche; il mord son pain avec les dents, et le ronge dans tous les sens, de manière à en faire un croûton sale et informe; à la fin, il le coupe par morceaux et le met dans son assiette, pour en tirer la sauce, au lieu de laisser ce que sa fourchette ne peut enlever. Il ne respecte ni la propreté, ni les usages.

S'il porte un os à sa bouche, il se barbouille tout le visage, et il en rit. Si on lui fait remarquer que ses mains, ses manches, son couvert, son verre, tout ce qu'il touche est ruisselant de graisse, il en rit encore. N'est-ce pas fort plaisant?

Ce n'est pas seulement à table que Joseph est malpropre; ses parents se sont toujours plaints de sa négligence, de son insouciance. Dès son enfance, il aimait à se rouler dans la poussière, il portait sans honte des habits sales et déchirés, il avait les cheveux en désordre, sa chemise et sa cravate ridiculement mises, son gilet et son pantalon à demi déboutonnés, ses bas sur ses talons, et les cordons de ses souliers toujours dénoués. Sans les soins d'une mère ou d'une bonne attentive, il eût paru misérable et déguenillé, même avec des habits neufs.

Depuis qu'il est en pension, il s'est un peu corrigé; mais vous le reconnaissez toujours. Le matin, il ne se lève point au son de la cloche, et il ne le fait après qu'en gémissant. Il ne se peigne pas tous les jours, et il le fait mal. En hiver, il a horreur de l'eau froide; il y touche à peine du bout des doigts et s'en mouille légèrement le front, comme on fait avec de l'eau bénite; aussi son visage, ses oreilles, son cou, sont couverts de crasse, et ses mains noires sont pleines d'engelures. En été, ces soins de propreté l'ennuient, et il n'est guère moins négligent.

Il aime mieux avoir un pantalon et des souliers poudreux ou crottés que d'y donner un coup de brosse; les taches de graisse, de boue, d'encre, dont sa petite personne est mouchetée de la tête aux pieds, ne lui donneraient aucun souci, si la revue de propreté n'amenait chaque jour quelque réprimande et quelque privation.

Cependant ses condisciples se moquent de lui; quelquefois ils affectent de ne pas le toucher, de peur de se salir les doigts. S'il avait un peu d'amour-propre, il s'épargnerait de pareils outrages.

Tout ce qui lui appartient a le même aspect. Ouvrez son pupitre à l'étude : vous le prendriez pour la boîte aux chiffons de papier, tout y est à l'envers; ses livres ont perdu une partie de leur couverture; les coins des feuillets sont frisés, et la plupart des pages, surtout les premières, sont ornées de dessins à la plume d'un goût de polichinelle. Ses cahiers sont tous papillotés, enrichis d'arabesques, écrits de coin en coin, dans tous les sens, et de tous les genres d'écriture; n'espérez pas déchiffrer ces hiéroglyphes : il n'y a que l'auteur qui puisse, j'allais dire les lire, mais je dois dire les deviner.

Plus tard, quand il aura sa chambre, vous y retrouverez le même désordre; ses habits seront éparpillés sur le lit, sur les chaises, sur tous les meubles. Rien ne sera à sa place, et tout sera fort malpropre. Si vous allez le visiter, vous ne trouverez pas un siége libre pour vous asseoir, et pas une surface plane pour poser votre chapeau, si ce n'est le parquet; encore sera-t-il peut-être couvert de ses crachats et des débris de son foyer. Car, n'ai-je pas vu, en certaines chambres, la cendre, les charbons écrasés, la terre des souliers, formant une large trace de la cheminée à la porte? Il vous dira : « C'est la chambre d'un garçon! » comme si un garçon devait n'avoir ni ordre, ni propreté.

Jean est d'une nonchalance incomparable. Tout

mouvement lui coûte. Sa lâcheté le rend également malpropre.

Il lave rarement ses mains, et cependant il a fréquemment les doigts dans les cheveux, dans les oreilles, dans la bouche, et surtout dans le nez; il les essuie ensuite aux meubles ou à son pantalon; car il lui serait trop pénible de tirer son mouchoir de sa poche.

Il ne le fait même pas quand il est temps de se moucher; il trouve plus simple de se passer légèrement l'index ou sa manche sous le nez, puis de compléter l'opération par un reniflement énergique.

Ce n'est qu'après avoir reniflé vingt fois, quand ses lèvres sont couvertes de malpropreté, qu'il se résout à tirer de sa poche un coin de son mouchoir; alors il penche la tête, se frotte et se barbouille un peu le bout du nez, puis recommence à renifler.

Il se ronge les ongles avec les dents, et cela dure des heures entières. Ses doigts sales lui tachent les côtés de la bouche. Il est dégoûtant.

S'il a besoin de cracher, il ne le fait pas dans son mouchoir, mais sur le parquet, et après s'être *éraillé* de manière à soulever le cœur de la compagnie. Il ignore que ce sont deux incivilités grossières, ou n'y fait pas la moindre attention.

Il est extrêmement paresseux. Considérez-le à l'étude : le premier quart d'heure se passe à fouiller dans son pupitre, pour y trouver les objets dont il a besoin; après quoi, il se résigne à ouvrir ses dictionnaires, ses auteurs, et à prendre sa plume. Mais voyez encore de quelle manière il procède : il se couche à demi sur la table, y appuie fortement son coude, puis met sa tête dans sa main, de peur de se fatiguer; et c'est ainsi qu'il travaille. La fin de l'étude sonne avant qu'il ait terminé son devoir; il est toujours en retard. Cependant, si vous lui adressez un reproche, il affirme qu'il n'a pas perdu un instant; cela veut dire qu'il a toujours été occupé; mais, en vérité, il eût pu travailler moitié plus, avec un peu d'activité. Voilà ce qu'il ne comprend pas.

S'il ne se corrige, il en sera de même toute sa vie. Il croira travailler beaucoup, en ne faisant rien. Il ne réussira point, et il accusera la fortune de fuir les hommes modérés, pour s'attacher aux pas des turbulents. Mais les hommes laborieux et actifs l'écouteront en souriant, et passeront leur chemin.

Comme vous le devinez, le défaut de succès est son premier châtiment; il l'a bien mérité. Mais c'est trop peu; le déshonneur s'attache à son nom, chacun le méprise comme un être inutile à la société et désagréable à sa famille. La religion condamne et flétrit sa paresse; Dieu maudit sa lâcheté et sa sensualité, il l'abandonne aux funestes conséquences de ses coupables faiblesses.

Auguste n'est ni lâche, ni paresseux, ni sale; il est déjà grand, et il se respecte. Mais il aime trop la table et cultive avec trop de soin la gastronomie. De toutes les sciences qu'il a étudiées, c'est éminemment celle qu'il goûte le plus. Il sait les noms de tous les plats que le cuisinier le plus expérimenté peut servir sur une table ; il vous les dira tout bas, si vous le désirez ; et, dans les délicatesses de son ton, vous pourrez distinguer s'ils sont bons, excellents, ou médiocres. Il suffit qu'il les ait goûtés une fois dans sa vie pour ne les oublier jamais ; car il a une excellente mémoire ; et, en fait d'événements historiques, c'est ce qu'il a le mieux retenu.

Il sera plus tard un homme d'ordre et de principes, il saura mieux que personne quel plat doit être mangé d'abord et quel autre ensuite. Il fera la grimace dans sa barbe, quand on commettra quelque erreur devant lui ; et il aimera mieux ne dîner qu'à demi, que de manger après de ce qui devait être mangé avant. Chez un homme de son appétit, c'est la plus haute preuve de son respect pour les lois sacrées de la gastronomie.

Il prendra rang parmi les gourmets, c'est-à-dire parmi les gourmands distingués. C'est une classe d'hommes fort respectable, à cela près. Elle se compose de riches propriétaires et se recrute parmi les jeunes gens de bonne famille, qui ont appris de leurs précepteurs à vivre de leurs rentes. Elle est fort paisible, fort inoffensive. Le gourmet pur sang est naturellement bon, pour lui d'abord, puis pour les autres. Il ne cherche querelle ni aux politiques, ni aux philosophes, ni aux savants, ni aux artistes ; mais il estime surtout les cuisiniers, et il s'y entend.

2.

Faites-le parler un peu de cuisine, pour voir ; ou plutôt, laissez-le faire, il en parlera naturellement. Il en connaît toutes les industries, toutes les délicatesses et même tous les secrets. Il a tant étudié la matière et il en a acquis une si grande expérience ! Si vous passez deux jours chez lui, il vous racontera une partie des repas qui ont réjoui sa grande âme, et il vous en expliquera toute l'ordonnance, avec cette dignité et cette propriété de langage qui distinguent les hommes spéciaux.

S'il croyait qu'il y eût au monde un sujet plus intéressant, il pourrait changer de conversation ; car, la plupart du temps, il sait quelque autre chose. Il a appris du grec, du latin, du français et des sciences, ce qu'il en faut savoir rigoureusement pour en entendre parler, et cependant pour ne pas mettre l'orthographe en écrivant.

Un excellent homme de cette espèce était maire de sa commune. A la naissance de son dernier fils, dit-on, son adjoint étant absent, grand fut son embarras pour rédiger l'acte civil. Enfin, après avoir beaucoup réfléchi, il se détermina : « Le... de l'année... Je suis comparu devant moi... maire de la commune de... avec les témoins... à l'effet de me déclarer que Amélie..., mon épouse, vient de mettre au monde un fils, à qui j'ai donné le nom de Charlemagne, etc. » Son fils aîné est entré au collége ; il lui écrivait dernièrement : « Chère papa, ma santét es toujour raubuste. Jé fé bocou de prograis surtou an ortografe, etc. » Tels sont les résultats de la vie sensuelle, jusqu'à la deuxième génération.

Quittons la plaisanterie et oublions les gourmands; car l'indignation me saisit quand je pense qu'un chrétien abaisse son esprit à de pareilles petitesses, et son cœur à de si indignes et si ridicules affections; l'âme de l'homme est-elle donc faite pour se rassasier des fumées d'une cuisine? *Non est regnum Dei esca et potus.* (Rom., XIV, 17.) Dans l'Écriture, les gourmands sont rangés au nombre de ceux qui ne doivent point entrer dans le royaume de Dieu.

Il y a, sous le règne des sens, de grandes diversités de caractères. Pierre est lent et mou, mais bon; si vous lui adressez la parole, il tourne la tête vers vous, avec la gravité et la roideur d'une vis qui tourne sur son écrou; il vous sourit, réfléchit, ouvre la bouche, et vous dit enfin ce qu'il faut dire. Parlez vous-même lentement, ne précipitez pas vos questions, attendez que vos idées entrent successivement dans son esprit; l'ouverture en est étroite; vous l'embrouilleriez, ses yeux se troubleraient, et il vous dirait avec bonté : Je n'ai pas compris. Cet enfant a le meilleur caractère qu'il soit possible de trouver, mais il est trop lent et trop mou; il a besoin d'acquérir de l'activité, de faire de la gymnastique, et de se livrer à un travail énergique et varié, sous la direction d'un maître patient, prudent, mais vif et ferme.

Paul est fort léger; sa tête tourne comme une girouette. Il rit à droite, rit à gauche, et ne sait pas pourquoi; il regarde les mouches voler, il s'amuse de tout, il a les goûts du papillon. Et cependant il remue peu son corps, qui a trop d'embonpoint, et qui lui coûte à transporter; il est toujours couché ou appuyé, il est très-mou, très-paresseux. Ses condisciples disent méchamment qu'il est lourd de corps et léger d'esprit. Je lui conseille de prendre beaucoup d'exercice et d'appliquer fortement au travail ses facultés intellectuelles.

Alfred est fluet de corps et d'esprit. Sous prétexte de ménager une santé délicate, ses trop bons parents l'ont gâté. Jamais petite fille n'a eu des goûts plus féminins, ni une plus grande tendresse pour sa chétive personne. Le moindre mal réel qu'il éprouve lui fait jeter les hauts cris. Tout l'incommode, tout lui fait mal, tout lui déplaît; il murmure et se plaint continuellement : c'est une petite machine gémissante. Il a mal à la tête, mal à l'estomac, mal au ventre, mal aux coudes, mal dans les jambes; et ses moindres malaises sont des maladies. Il les éprouve surtout quand on contrarie sa paresse ou ses autres défauts.

Il ne peut rien souffrir qui le gêne, et quoiqu'il se plaigne souvent sans raison, il trouve toujours qu'on ne s'empresse pas assez de le soigner et de le consoler. Il est à charge à toutes les personnes de la maison. Les domestiques ne peuvent le contenter; ils le détestent. Sa mère ne cesse de les gronder; ils la trouvent ridicule. Les étrangers le regardent avec pitié, et s'en vont en disant : « Quel triste enfant ! »

Que faudrait-il donc faire pour lui donner la santé du corps et de l'esprit ? Suivre une méthode toute contraire aux condescendances de plus en plus folles qui débilitent sa nature.

Jacques est un gros garçon à figure rébarbative, que vous diriez avoir été allaité par une ourse, tant il en a la pesanteur, la mauvaise humeur, les goûts brutaux et voraces. Ne le touchez pas, car il vous lancerait un coup de pied ou vous cracherait au visage ; ne le plaisantez pas, car il grincerait aussitôt des dents et vous montrerait ses poings fermés. Son caractère n'est pas humanisé, il aime peu la société, il a des goûts solitaires. Il parle, mais il ne converse pas. Il passe auprès de vous sans vous saluer. Vous diriez qu'il va toujours méditant, et son esprit n'est, pour ainsi dire, pas né ; il n'apprend ni à lire, ni à écrire, ni à calculer. Ce qu'il fait de mieux, c'est l'action de manger. Il a des yeux durs et sauvages, des doigts forts et armés de griffes noires, des mâchoires saillantes et vigoureuses, des dents qui broient tout, un appétit qui ne s'épouvante de rien. Il mange avidement et toujours en silence, à moins qu'il ne grogne. Il ne sait pas l'A B C de la politesse et ne veut pas l'apprendre.

Benjamin a le caractère tout différent. Il est nonchalant et doucereux ; il fait l'aimable avec les grandes personnes. Ses bras sont toujours tendus pour embrasser ; son corps semble avoir besoin d'appui, comme le lierre flexible; sa tête sait se pencher d'une façon amoureuse; son regard est languissant et sa voix mignarde. Sa mère dit qu'il a un cœur d'or. On ne dit point si son esprit est de la même matière; mais un fait trop certain, c'est qu'il est paresseux, qu'il n'apprend rien, et que tous les autres enfants rient de lui.

Avec ses camarades, il n'a plus le même caractère: il est froid, maussade; il n'aime point leur compagnie. Pourquoi? Parce qu'il n'est point caressé. On lui rend mépris pour mépris; il n'est pas aimé.

Pourquoi m'étendrais-je sur toutes les bizarreries des enfants en qui les sens dominent? Je vous ennuierais peut-être, ou je vous amuserais sans fruit. J'en ai dit assez pour vous ouvrir les yeux sur ces défauts et pour vous mettre à même de les corriger en vous, s'ils y sont.

Mais je ne terminerai pas ce chapitre sans vous signaler les plus funestes résultats du sensualisme. Quoique je ne fasse pas un cours de morale, j'ajouterai ici, avec toute la force dont je suis capable, que la sensualité fait germer les défauts les plus ignobles, et que la paresse les féconde, les nourrit, leur donne tout le temps de devenir incorrigibles. Je voudrais vous inspirer une telle horreur de ce double défaut, que vous le redoutassiez véritablement comme la source de tous les vices.

Il arrive une époque où l'enfant sensuel est tourmenté par des tentations redoutables. A l'intérieur son imagination travaille, et son cœur n'a pas toujours le courage de repousser les rêves corrupteurs qu'elle enfante; de là naît un feu terrible qui circule dans ses veines et qui donnera la mort à son âme, s'il ne revient promptement à Dieu. A l'extérieur, il n'a plus sa simplicité d'autrefois : il est tantôt rêveur, tantôt dissipé ou violent; ses maîtres en sont inquiets. Il a pour certains condisciples des sympathies, qui deviendraient facilement de redoutables amitiés particulières. Il montre une excessive curiosité pour des choses dangereuses. Ses lectures, ses conversations, tout doit être surveillé. Il s'égare... Où s'arrêtera-t-il? Il n'a point su résister à ses premières inclinations, il sait encore moins contenir des passions plus terribles : la vie sensuelle déborde.

Hâtons-nous de flétrir tout ce qu'il y a de contraire aux premiers principes de la bonne éducation, c'est-à-dire d'inconvenant, d'indécent, de grossier, dans toute sa conduite, dans ses actions, dans ses paroles, dans ses regards, dans son sourire, dans son attitude. Le malheureux! bientôt il aura perdu tout respect pour Dieu, pour ses semblables, pour lui-même, s'il ne met un frein à ses passions, s'il n'ouvre son cœur à la grâce, si la foi, avec ses secours surnaturels, ne vient l'arracher à sa propre faiblesse; il est sur le bord de l'abîme, et nul ne peut dire jusqu'où il peut tomber. Que de jeunes gens, pour s'être laissés glisser sur cette pente, se sont déshonorés aux yeux des hommes et ont perdu les plus belles qualités de l'esprit et du cœur! Que d'autres, abêtis et corrompus, se sont éteints à la fleur de l'âge! Oui, mes enfants, l'abrutissement et la mort sont souvent le fruit du libertinage.

Qui n'a vu de ces malheureuses victimes expier dans la douleur, dans l'ignominie, dans les infirmités, tous les ménagements et toutes les condescendances qu'elles ont eus pour leur corps? Qui n'a considéré, avec une profonde pitié, ces visages flétris, ces yeux pleins d'une fièvre honteuse, ces membres amaigris, enfin ces cadavres ambulants, auprès desquels on croit sentir l'odeur de la mort? Objets de mépris pour le monde, de risée pour leurs complices, d'horreur et de dégoût pour eux-mêmes, ils s'en vont achever leur expiation dans l'éternité! Ainsi le coupable est puni par où il a péché.

Permettez-moi de vous citer un exemple douloureux.

Un jour, nous rencontrâmes dans la rue un jeune homme de vingt-cinq à vingt-six ans, dont les riches habits contrastaient avec son air pesant et grossier : il était grand et épais, avait une figure grosse et vulgaire, avec une barbe touffue, d'où sortait une énorme pipe; il marchait à pas lents, les deux mains dans ses poches, comme un ivrogne de qualité, qui revient du café où il a passé la nuit. — Quel est cet homme? me dit mon compagnon. — Vous ne le reconnaissez pas? — Sa figure ne m'est point étrangère, mais je ne me le remets pas. — Vous avez cependant été son condisciple. — Comment? — Oui, vous ne reconnaissez pas Stéphane? — Stéphane! — Sans doute. — Ce gros garçon-là? — Oui. — Mais ce n'est pas possible! — C'est un fait malheureusement trop certain. — Je n'en reviens pas; c'est là Stéphane, qui remportait tous les prix? c'est là ce gentilhomme si élégant, si spirituel, si aimable? — C'est lui-même. — Que signifie un si prodigieux changement? — Voici toute son histoire : Au sortir du collége, où il apprit plus de latin et de grec qu'il n'avait acquis de vertu, il se jeta dans le monde, avec une ardeur que stimulaient la louange de tous et l'orgueil de ses parents. Il était trop riche pour travailler, il se crut né pour le plaisir; il l'a cherché dans l'oisiveté et le dévergondage. Le café est devenu sa demeure habituelle; il n'en sort plus que pour se distraire par les rues, ou pour aller dîner et dormir à la maison paternelle. Il a pris progressivement l'embonpoint et la tournure maussade que vous lui voyez. On ne le rencontre jamais que la pipe à la bouche. L'on assure qu'il s'éveille la nuit pour fumer; c'est chez lui une véritable passion. Déjà elle lui a fait perdre la mémoire, et son intelligence s'est considérablement affaiblie. Vous en avez la marque dans cet air méditatif ou stupide qui le distingue aujourd'hui. Il ne salue plus personne, et personne ne le salue. On aurait honte de passer pour être de ses connaissances. — Quelle pitié! un jeune homme de si belle espérance! Voilà donc où mènent la paresse et l'intempérance!!!

Quant à vous, mes chers enfants, que ces exemples vous instruisent! Redoutez la vie sensuelle. N'accordez à votre corps que le nécessaire, et tenez-le toujours dans la dépendance de l'âme. C'est à la raison de commander et aux organes d'obéir. Un homme qui se laisse guider par ses sens ressemble à un fou qui se laisserait atteler et conduire par une bête. S'abaisser jusque-là, n'est-ce pas abdiquer la dignité humaine? n'est-ce pas renoncer à son titre de chrétien? Jésus-Christ ne reconnaît pas pour son enfant un être si vil; il veut, au contraire, que nous menions une vie angélique dans des corps mortels. Pour cela, veillez et priez : veillez soigneusement et courageusement à la garde de vos sens; priez avec humilité votre Père céleste de fortifier vos âmes.

# ÉTOURDERIE

La sensualité n'exclut pas l'étourderie, mais ce sont néanmoins deux défauts bien distincts, et ce dernier mérite assurément que nous en fassions un chapitre à part. D'abord vous concevez qu'il nuit aux progrès des études, d'une manière effrayante; car l'application sérieuse et constante est la condition *sine quâ non* du succès. Ensuite, il peut déconsidérer toute la vie; car eussiez-vous les plus grands talents, avec une grande instruction; eussiez-vous un excellent cœur, avec les intentions les plus droites; si vous êtes habituellement léger, irréfléchi, inconsidéré, vous commettrez mille bévues, mille sottises, mille grossièretés, et vous indisposerez contre vous les personnes les plus bienveillantes.

Il importe donc extrêmement à vos intérêts et à ceux de la société, dont vous pouvez être un des membres les plus utiles et les plus aimables, par votre savoir et vos qualités morales, que vous fassiez disparaître de votre caractère et de vos habitudes les étourderies auxquelles vous vous êtes laissé aller jusqu'ici, peut-être sans trop y songer. Et précisément parce que c'est le défaut de réflexion qui vous a empêché de les voir et de vous corriger, suivez attentivement le détail que je vais essayer d'en faire, pour les reconnaître et y remédier.

Dès son enfance, l'étourdi a donné mille inquié-
tudes à sa bonne mère : il heurtait, il renversait, il
brisait tout ; c'était un enfant qu'il fallait garder à vue.
Souvent il en était puni sur le fait même ; car il se
blessait, il tombait, il revenait saignant et poussant des
cris, et alors sa mère lui faisait une morale bien sage,
appuyée d'exemples et de tendres reproches ; il la goû-
tait et faisait des promesses, mais il les oubliait aussitôt que la douleur avait cessé.

Maintenant encore, il se blesse souvent, il compro-
met sa santé et même sa vie par des imprudences impardonnables. L'âge ne le rend pas plus sage. Il se
fatigue outre mesure, s'expose sans raison, sans précaution, avec excès, à la pluie, au froid, à la chaleur,
et paraît ignorer que le passage subit du chaud au
froid peut occasionner la mort. Il monte, il court sur
des lieux escarpés ; il joue sur le bord d'une eau profonde ou d'un précipice. Il ne voit le danger qu'après
y être tombé ou en être sorti. Aussi, que de chocs,
que de chutes, que d'accidents de toute sorte s'ajoutent chaque jour à ceux de ses premières années ! Il a
continuellement la tête, les pieds, les mains, les genoux froissés, meurtris, déchirés. On le plaindrait, si
ce n'est qu'il lui faut de pareilles leçons pour lui apprendre à devenir circonspect.

Il ne sait pas se tenir en compagnie ; jamais il n'a
le corps droit, la tête droite et de face, les pieds auprès l'un de l'autre et directement au-dessous des genoux, ni les mains sur ses cuisses ; mais vous le voyez

dans une agitation perpétuelle, comme une marionnette ; il remue la tête, les pieds, les mains, avec une variété de signes comparable à celle des anciens télégraphes. Tantôt il se tourne sur sa chaise, et regarde par derrière ; tantôt il s'enfonce dans un fauteuil et s'y tient les jambes allongées ; tantôt il replie ses jambes, met les pieds sur les barreaux, élève les genoux, et les serre dans ses bras avec affectation. Que dirai-je ? Tout cela se modifie à l'infini, avec un agrément toujours nouveau : voici une jambe qui s'allonge, qui se resserre, qui passe à droite, puis à gauche ; avec un pied tourné, retourné, contourné ; puis voilà un bras, deux bras, qui s'élèvent, qui s'abaissent, qui se croisent, qui s'étendent, avec des mains qui se crispent, qui se joignent, qui se séparent ; tandis que la tête, les cheveux, les yeux, la bouche, exécutent des mouvements qui répondent à la mobilité générale du petit personnage. La langue ne suffit pas à rendre cette fécondité d'extravagance.

S'il a quelqu'un devant lui, il met les pieds sur le derrière de sa chaise et lui donne continuellement des secousses. S'il est placé avec plusieurs personnes sur une estrade ou sur un banc, il donne à sa jambe un certain mouvement de va-et-vient qui fait sautiller tous ses voisins ; ou bien il bat la mesure avec le pied, il imite des roulements de tambour avec les doigts, il se frotte les mains avec bruit, il siffle entre les dents, et ne s'aperçoit pas qu'il est insupportable.

D'autres fois, il se balance sur sa chaise, de manière à faire craindre qu'il ne tombe et à donner des impressions nerveuses aux dames qui le regardent.

Ou bien, il prend la chaise qui est devant lui et la fait pirouetter ; puis il la jette, pour faire quelque autre niaiserie. Si on l'en reprend, il s'affaisse négligemment sur lui-même et, pour se distraire, secoue les breloques de sa montre, caresse ou épluche son chapeau, entortille dans ses doigts quelque cordon ou le coin de son mouchoir, jusqu'à ce qu'un chat ou un petit chien vienne à passer près de lui ; aussitôt il s'en saisit, et néglige toute la compagnie, pour prodiguer ses attentions à cet animal.

S'il est près du feu, il tisonne ; s'il est près d'une table, il écrit dessus avec les ongles ; s'il est près d'un mur, il le dégrade avec les doigts ou avec le pied ; s'il peut s'emparer de quelque objet d'art placé sur la cheminée, il en défait les pièces, les laisse tomber et les brise ; c'est alors seulement, aux cris de la maîtresse et des enfants, qu'il s'aperçoit de son étourderie et de son impolitesse.

Charles se fait remarquer par ses distractions, ses excentricités. Dans la plus aimable société, il devient tout à coup étranger à la conversation. Il ne dort pas cependant, car vous le voyez subitement hausser les épaules, frapper du pied, se frotter les mains, rire tout seul. Ne vous en apercevez pas ; c'est qu'il a sa conversation à lui, dont il fait seul tous les frais.

Au sermon, il se mouche avec éclat au plus beau moment, et tous les visages se retournent impatientés contre lui. Alors il se recueille, plus profondément que personne, et se promet de faire comme tout le monde. Il s'incline d'abord avec les autres au nom de Jésus, puis il se trompe, et le fait au nom de Judas. Il lui arrive aussi de se frapper la poitrine quand il faut faire le signe de la croix, et *vice versa;* comme il n'est pas dépourvu d'amour-propre, il remue alors un peu la main, pour déguiser son erreur; mais il ne fait qu'amuser davantage ceux qui l'ont aperçu.

Lorsqu'il marche dans les rues, il a quelquefois l'air d'un fou; il gesticule, il parle seul; il s'arrête, il accélère sa marche. Il se trompe de rue, il ne sait plus où il est, il demande des renseignements d'une façon qui fait rire de lui.

Il passe à côté d'un ami, il ne le reconnaît pas; il salue un inconnu et s'approche pour l'embrasser, quand l'air étonné de celui-ci le fait réfléchir et lui découvre son erreur.

Sur les trottoirs, une seule personne l'arrête; il se range du côté où elle se range, et quand elle se dérange encore, il en fait autant dans le même sens; de sorte qu'ils finissent par se joindre tous deux et se faire des excuses.

Ordinairement il heurte les passants, marche sur les chiens couchés près des bornes, et fait crier gens et bêtes contre sa maladresse.

Le fait suivant est historique : Un jour qu'il s'en allait fort préoccupé dans une rue, un âne chargé venait tranquillement à sa rencontre. Ils ne se doutaient de rien, ni l'un ni l'autre, jusqu'à ce que notre jeune étourdi embrassât tout à coup la tête de l'incivil animal, qui avait eu le tort de ne pas se déranger.

Ce jeune homme fait bien des sottises, mais il en dit encore plus, sans le vouloir, toujours sans le vouloir : car c'est la meilleure âme qu'il y ait sous le ciel.

Il dit : *Oui, Monsieur*, à une dame ; *Non, Madame*, à un monsieur. Il fait des lettres pour diverses personnes, puis confond les adresses et fait croire à ses correspondants qu'il est fou ; ou bien il les écrit parfaitement, et n'omet qu'un seul mot : c'est le mot essentiel !

Dans cette correspondance, il présente sa considération distinguée aux plus hauts personnages, et il a l'honneur d'être le très-humble serviteur de ses serviteurs ; il offre ses respects à ses amis, et ses amitiés à ses supérieurs. Ce n'est qu'une distraction, mais une distraction qui le fait mépriser.

S'il envoie un ballot, un panier, il dit dans sa lettre :

« Vous trouverez ma lettre au fond, cherchez bien. »

Un instituteur que je connais écrivait un jour à quelqu'un : « Je vous prie, faites prendre cette lettre à la poste par un exprès, pour éviter tout retard. »

Lorsqu'il lui prend fantaisie de parler à quelqu'un, même très-respectable, il le tire par sa manche, il lui frappe sur le genou, pour se faire écouter ; et sans y penser, si c'est à une dame qu'il parle, il s'occupe à manier familièrement un coin de son châle, à en arracher quelques fils, ou à remuer les plis de sa robe, jusqu'à ce qu'elle retire brusquement ces objets de ses mains. Quelqu'un vient-il à prendre du tabac, il allonge ses doigts pour en demander; ou bien c'est lui-même qui en offre, comme si cela se faisait avec les personnes qu'on respecte.

Il vous raconte une histoire que vous lui avez apprise, et suppose qu'elle lui est arrivée; ou bien il vous donne comme nouvelle une anecdote dont tous les journaux ont parlé.

Dans le cours de son récit, il s'interrompt, perd le fil du discours et parle d'autre chose. Il oublie d'achever l'histoire qu'il avait commencée; cet accident lui est ordinaire. La digression, avec ses mille chemins de traverse, l'égare en tous les sens. C'est un jeune homme qui ne peut pas aller dix pas droit devant lui.

Il fait des fautes de grammaire; ce n'est pas qu'il ne sache bien sa langue, mais il n'y fait pas attention.

Il emploie des locutions triviales : *Oui, Mamzelle ; — au bout du compte ; — ça m'embêtait ; — j'étais éreinté ; — c't'animal-là, avec tous ses crachats sur la poitrine ; — je bisque, va te faire fichtre...* Il lui échappe de très-gros mots, des jurons, qui ressemblent à des blasphèmes. Il devrait savoir que ce genre canaille ne convient à personne.

Il fait des calembours malhonnêtes, sans s'en douter, même en voulant dire des gentillesses: *Monsieur, vous êtes beau dès le matin;* — *ce cheval qui vient de passer, c'est votre cousin;* — *vous avez une prédilection pour l'herbe fraîche;* — *qui veut de ces chardons?* en offrant des artichauts.

Il vous interrompt au milieu d'une conversation intéressante, pour vous faire remarquer que le soleil se couvre, que tel tableau est magnifique, que les fleurs de la cheminée sont charmantes.

Ou bien, il a une distraction, suivant son habitude; il paraît vous écouter, mais il ne vous entend pas. Tout à coup il revient à lui, et, sans vous faire d'excuse : — *Hein?* — *Quoi?* — *Je n'ai pas entendu.*

Il sait les usages, mais il n'y pense pas; il brouille tout. Il demande à ses supérieurs des nouvelles de leur santé, et les embrasse de lui-même familièrement. Il serre la main à une dame. Un moment après il rencontre un de ses amis, et le salue avec dignité et réserve : il ne lui demande des nouvelles ni de lui, ni de sa femme, ni de ses enfants; il est distrait...

S'il entre dans un salon, il s'assied lorsque les autres sont debout, et parle fort à son aise à un vieillard ou à une dame qui n'ont pas où s'asseoir. Ce n'est pas qu'il ne soit disposé à leur céder son siége, et mieux encore à ôter son chapeau, qu'il a gardé sur sa tête; mais il n'y songe pas. Il en fera mille excuses quand il s'en apercevra, s'il y pense.

Il lui échappe de dire tout court : *Votre femme, votre père, votre fille;* ou bien : *Un tel, une telle;* ou bien encore : *Monsieur machin, madame chose.* Il tutoie ses amis, même en compagnie; il est porté à tutoyer tout le monde. Quelquefois il s'oublie jusqu'à laisser échapper un sobriquet.

Il blesse les gens par des paroles inconsidérées; et en s'excusant, il les blesse encore. Un gentilhomme de la cour de Louis XIV, venant de perdre au jeu un coup magnifique, se frappe la cuisse, en disant au sujet de sa maladresse : « Je suis un pauvre Goussaut! » M. Goussaut, qui passait pour avoir peu d'esprit, mais qui avait de l'amour-propre, était par derrière et entendit l'expression. Il s'en plaignit vivement : « Faites attention, Monsieur ; vous êtes un imbécile ! » L'autre reprit étourdiment, avec confusion : *Pardon, Monsieur, c'est ce que je voulais dire.* Ce sont là des injures que le monde ne pardonne jamais. Ce serait pis, si la malice avait aiguisé de pareils traits.

Beaucoup d'étourdis parlent avec tant de volubilité, ou si bas qu'on ne peut les entendre; vous les faites répéter, ils ne se corrigent pas. A la troisième reprise, craignant de les offenser, vous êtes obligés de vous en tenir là et de leur laisser croire que vous les avez compris.

Avec les sourds, ils s'oublient vingt fois à parler bas, et, en revanche, ils crient à tue-tête, dans un salon, aux oreilles les plus délicates.

Un élève étourdi est presque toujours malpropre, comme le paresseux. Voyez le jeune Armand. Il n'est plus un enfant, et il n'en est pas moins inconsidéré. Il se met les doigts dans l'encre, ou sa plume toute noire dans la bouche; ou il renverse les encriers sur ses genoux, sur ses cahiers, sur ses livres.

Ce qu'il y a de plus fâcheux, c'est qu'il est continuellement distrait en classe, et qu'il y distrait les autres par le bruit qu'il fait, les livres qu'il laisse tomber, les réponses inconsidérées qu'il donne. Il ne l'est pas moins à l'étude : il n'emploie que la moitié de son temps, il trouble ses voisins; il remue et parle sans cesse, souvent à son insu.

Ses études lui profitent peu, il ne réfléchit point; il fait les plus grossiers barbarismes et les plus impardonnables solécismes; il fait de tels contre-sens, qu'on douterait de son jugement, si l'on ne savait que l'étourderie entrave ses facultés, comme elle gâte ses bonnes qualités.

Il manque aux plus simples convenances envers ses maîtres, envers ses condisciples, envers lui-même, sans s'en douter, et il se fait donner partout la qualification d'*étourdi*, qui lui fera du tort toute sa vie dans leur esprit.

En marchant, s'il fait de la poussière, il ne considère pas qu'il est placé de manière à la faire voler dans les yeux de ses compagnons, ou même de ses supérieurs ; il les oblige à se déranger.

Il ne regarde pas à ses pieds; il fait jaillir l'eau, la boue, et heurte contre les pierres, qui le font tomber ou courir bien loin.

Si vous passez dans un bois, il vous laisse aller à la figure les branches qu'il a entraînées et pliées en avant,

En passant en ville ou auprès des habitations, il saute, il crie, il chante, il a l'air d'un fou. Il paraît ignorer qu'on ne se permet pas, dans les rues ou devant les maisons, ce qui se permet dans une cour et au milieu des champs.

Dans les rues, il prend le haut du pavé et vous laisse le côté le moins commode; il passe devant vous, il court vingt pas en avant; puis il s'arrête, comme un nigaud, à regarder les boutiques ou deux chiens qui se mordent, et il se met dans la nécessité de courir ensuite pour vous rejoindre.

Quelquefois il ne dira pas un mot durant une partie du chemin, puis il poussera des cris, fera des grimaces, et gambadera comme un insensé.

Au retour, si l'on joue, il se mettra dans un jeu, puis s'occupera de tout autre chose, oubliera même qu'il en est, et partira. Ceux qui jouent avec lui seront justement choqués du peu d'intérêt qu'il y a mis et du sans façon par lequel il conclut. Une autre fois ils ne l'admettront plus.

S'il chante avec d'autres, il se trompe et il les déroute; il ne saurait faire partie du chœur de musique. Un rien le distrait, le fait rire, lui fait faire une réflexion intempestive ou une omission grossière.

Dans une soirée, même chez les autres, il est sans gêne, il n'observe aucune bienséance. Il passe entre des personnes qui lisent et la lumière qui les éclaire; ou bien il prend la lumière et l'emporte, sans égard pour les lecteurs. Il s'approche inconsidérément du premier venu, et lit dans son livre, par-dessus son épaule; ou, ce qui est plus malhonnête encore, il jette les yeux sur une lettre ou un manuscrit que cette personne lit.

S'il éteint une chandelle, il vous la souffle au visage; s'il vous présente un couteau ou quelque autre instrument, c'est par la pointe, au lieu de la poignée; s'il vous passe quelque objet et que vous ne le preniez pas aussitôt, il le laisse tomber par distraction.

Vous lui donnez une commission, en lui recommandant de s'exprimer de telle façon et de ne pas laisser échapper telle parole; c'est précisément le contraire qu'il fait. D'où il arrive que souvent il paraît sot, quand il n'est qu'étourdi.

M. B..., voyant venir un importun, recommande promptement à sa domestique de dire qu'*il n'y est pas*; ce qui veut dire, comme chacun sait, qu'on n'y est pas pour la personne à qui cette réponse est faite. La bonne fille dit qu'elle n'y manquera pas, descend vite, et, d'un ton satisfait, répond au visiteur : *Monsieur m'a recommandé de vous dire qu'il n'y est pas.*

Il y a une étourderie qui, chez les enfants, prend le nom d'espiéglerie; on en rit souvent trop, lors même qu'ils sont très-jeunes, et par là on les excite à faire des tours qui méritent le nom de malhonnêtetés. Nous en parlerons plus tard.

Théodore est brouillon. Dans sa chambre, malgré l'ordre apparent qui vous frappe, il y a une foule de choses qui ne sont pas à leur place, qui sont même

égarées, au point de vous faire rire, si vous les aper-
ceviez. Ouvrez le tiroir où sont ses crayons, ses plu-
mes et ses pains à cacheter; vous y trouverez son
peigne. Il l'y a déposé le matin, sans y songer. Si
vous voulez savoir ce qu'est devenu son canif, qu'il
cherche depuis deux jours, vous le trouverez dans sa
table de nuit, à la place de son peigne. Depuis une
heure, il cherche dans sa bibliothèque, parmi les
poëtes français, un volume qu'il y a déposé la veille,
croit-il; mais quelqu'un qui parcourt la section des
auteurs grecs y découvre tout à coup le volume en
question, entre Plutarque et Xénophon. Vous venez
lui demander un acte notarié, qu'il a dans son armoire;
il sait où il est, et il vous apporte une liasse de papiers, en vous disant : Vous le trouverez là dedans.
Mais vous cherchez en vain; désespéré, vous feuil-
letez sur la table des feuilles de musique, et tout à
coup, heureuse surprise! vos yeux rencontrent la
pièce importante dont la perte vous affligeait.

Vous sortez ensemble : il prend son parapluie. —
Que faites-vous, Théodore? le temps est magnifique.
— Ah! je croyais prendre ma canne. — Mais, sans
chapeau! le soleil vous fera du mal. — Je l'oubliais.
— Si vous quittiez vos pantoufles et preniez des sou-
liers? — Comme je suis brouillon! Merci. Y a-t-il en-
core quelque chose de travers en ma personne? —
Rien... à l'extérieur.

Vous entrez dans une église et vous vous avancez
vers le bénitier. Théodore y plonge la main, peut-être

la gauche, avec son gant qu'il a oublié de tirer, et l'en retire ruisselante d'eau bénite, qu'il vous offre et dont il vous inonde.

Vous allez vous asseoir. Il tire un livre de sa poche; il a cru prendre son *Imitation*, ce sont les *Fables* de La Fontaine.

Il lui est arrivé d'emporter le livre d'une dame pour le sien; on dit même qu'ayant laissé tomber son mouchoir, il en prit un autre qu'il trouva sous sa main, et qu'après s'en être servi plusieurs fois, il allait l'emporter aussi, quand son voisin s'en aperçut et lui adressa les reproches les moins courtois.

Après l'office, vous l'emmenez dîner, et le placez à table près de vous. Veillez sur lui; car il vous fera quelque mauvais tour; il cassera vos bouteilles, vos assiettes, et renversera vos plats. Le voilà qui prend votre verre pour le sien et qui le vide d'un trait. Ce n'est rien. Un moment après il s'aperçoit que votre verre est vide, il prend une bouteille et le remplit avec politesse; mais, en reportant la bouteille à sa place, il choque une carafe et la brise; l'eau se répand à flots. Levez-vous et demandez une éponge; il faudra peut-être desservir et changer de nappe; cependant ne faites qu'en rire et dites que ce n'est rien, car il en est désolé.

Continuerai-je? Mais j'en ai dit assez pour révéler en quoi le brouillon ne cesse de blesser les convenances; toute sa vie n'est que cela.

Léon oublie tout, égare tout, perd tout; il serait

presque nécessaire de lui donner un domestique qui marchât après lui, pour recueillir ou pour réparer tout ce qu'il oublie ou dérange.

Chaque jour on rapporte du jardin des livres, un mouchoir, un chapeau ou une casquette, que tout le monde de la maison connaît et qui appartiennent à M. Léon ; du reste, sitôt qu'on trouve quelque chose d'égaré quelque part, on ne s'informe point du propriétaire, on le porte avec assurance à M. Léon. Les gens mêmes du voisinage, en pareil cas, ne manquent point de commencer par lui leurs informations.

Il oublie de fermer les portes, quoi qu'on lui dise ; il ne ferme pas même celle de sa chambre, ni aucun de ses tiroirs. Ce n'est pas qu'il n'en sente l'inconvénient, mais il a toujours perdu ses clefs, et alors il lui est moins désagréable de trouver tout ouvert que tout fermé. Entre deux maux il choisit le moindre.

Quand il va en voyage, il oublie souvent ce qu'il y a de plus nécessaire : sa bourse, son portefeuille ou ses lettres essentielles. S'il part pour la chasse, il s'aperçoit, après deux ou trois coups de fusil, qu'il n'a plus de cartouches. S'il va pêcher, il reconnaît avec douleur qu'il a laissé ses hameçons dans un autre habit.

J'ai connu un bon maire de campagne qui, allant pour haranguer le préfet, en avant de son village, à la tête du pont, fouilla vainement dans sa poche pour trouver son discours, et s'écria désolé : « Hélas ! monsieur le préfet, je l'ai laissé dans mon pantalon de tous les jours ! »

Ne lui donnez pas de commissions. Il est très-obligeant, mais il n'a pas plus de mémoire pour vous que pour lui. Si vous lui confiez une lettre, sur dix fois il l'oubliera huit, et vous la rapportera bien chiffonnée, à moins qu'il ne l'ait perdue.

Il oublie d'abord de répondre aux lettres qu'on lui adresse, les perd ensuite et ne sait plus ce qu'elles contenaient, ni l'adresse des personnes. Vous diriez qu'un mauvais génie l'empêche aussi de se rappeler les jours de naissance et de fête de ses parents; il n'y songe jamais, pour leur écrire, qu'un mois après.

Un jour il avait invité deux de ses amis à venir dîner chez ses parents. Le matin, un autre ami vint lui proposer une course; le voilà parti. Les deux invités arrivent : personne ne les attendait, personne n'était prévenu, on ne les connaissait même pas. On les reçut froidement, ils n'osèrent trop s'expliquer, et ils s'en allèrent dîner à l'hôtel. Deux heures après, l'étourdi revient : « Il est venu, lui dit-on, deux jeunes messieurs pour vous voir. — Hé! où sont-ils? — Ils sont allés sans doute chercher un hôtel. » Honteux de son inexcusable oubli, il court, s'informe; les deux jeunes gens venaient de partir.

Si vous lui donnez quelquefois rendez-vous, sachez vous occuper en attendant, et comptez, comme plus probable, qu'il n'y viendra pas à l'heure, à moins que vous ne l'envoyiez chercher ou que vous n'ayez prié quelqu'un de l'avertir.

Vous voyez, mes enfants, ce qui manque à cet excellent jeune homme ; c'est un peu de réflexion et un peu de mémoire. Soyez plus posés, plus attentifs, moins légers, et vous ne commettrez point de pareilles fautes.

Georges est un autre jeune homme dont l'étourderie a fait un enfant et un enfant très-sot, à vingt ans. Il a toujours vécu sans réfléchir et sans rien observer ; il n'a songé qu'à s'amuser. Sa conversation n'a jamais été sérieuse, ses préoccupations n'ont jamais été au delà des jeux de la journée, et jamais une pensée d'homme n'est entrée dans sa tête. Il n'aimait que la compagnie des élèves plus jeunes que lui, ou bien aussi étourdis que lui, et maintenant encore il ne peut supporter celle des grandes personnes, à moins qu'elle ne soit un pur badinage. La bonne société l'embarrasse ; il y est niais et déconcerté. Il ne sait pas se tenir, il ne sait pas parler, il ne sait pas se taire. Il fait merveille au milieu d'une troupe d'enfants qu'il amuse, et il est décontenancé, maladroit, presque stupide avec les gens qui lui imposent. On reproche à certains personnages d'une excessive politesse de saluer, en entrant, non-seulement toutes les personnes, mais tous les coins de la salle et tous les meubles ; c'est le contraire pour lui, il ne salue personne, il baisse seulement un peu la tête vers le centre de la compagnie, et se laisse ensuite pousser par sa mère ou sa sœur. Quand il est assis, il garde le silence ou répond mal ; il s'ennuie beaucoup, et se retire avec empressement. Rien de tout cela n'est honnête et aimable.

C'est le dernier fruit de l'étourderie que j'aie à vous signaler, mes chers enfants, quoiqu'il y en ait encore bien d'autres. Il faut se borner : j'en ai dit assez pour que vous puissiez vous-mêmes découvrir le reste.

Ne vous faites pas illusion sur ce défaut ; il est grave, il peut compromettre tout votre avenir. Quand on a dit d'un homme : C'est un étourdi, on l'a déconsidéré dans l'esprit des personnes sérieuses. Elles ne voudront plus ni s'associer avec lui, ni se servir de lui pour des affaires importantes ; mais elles chercheront un homme réfléchi, maître de lui-même, dont tous les procédés auront prouvé la maturité et la sagesse.

Vainement votre conscience vous rendrait le témoignage qu'il n'y a point de votre faute et que vos actions sont droites ; car le monde considère surtout l'extérieur, et ne pardonne pas les défauts de caractère. Il n'est point fâché de trouver à critiquer, à railler, à se divertir et à dédaigner ; sa malice, au contraire, en cherche sans cesse l'occasion, et votre étourderie en est une plausible, puisque vous avez le tort de ne pas vous corriger.

Il dépend certainement de vous d'amoindrir et de faire disparaître enfin ce défaut.

Toutefois, je ne vous le dissimulerai point, on n'y parvient pas sans qu'il en coûte. Ce n'est point l'affaire d'un jour ni d'un mois ; c'est, au contraire, une œuvre difficile et longue, qui exige de l'attention, du courage, et surtout de la persévérance. La prière, qui est toujours utile, est ici nécessaire, pour se soutenir, se fortifier, et hâter le succès, par l'action toute-puissante de la grâce. En chrétiens pleins de foi, sachez donc y avoir recours, et Dieu bénira certainement vos pieux efforts.

# ORGUEIL

L'orgueil est le défaut le plus commun et le plus
tenace de notre nature déchue. Tous les hommes ont
à le combattre et pendant toute leur vie. Il apparaît
dès l'enfance, et c'est alors surtout qu'il importe de
ne pas le laisser se développer; car il ne tarderait pas
à pousser de si profondes racines et à prendre un tel
accroissement, que plus tard l'âme hésiterait peut-
être à y porter la hache et perdrait même jusqu'au désir ou à l'espérance de le détruire.

C'est le défaut qui fait commettre le plus de sottises,
quoiqu'il en empêche beaucoup: car il y a une infinité d'hommes qui sont ridicules, extravagants, méchants, lâches et hypocrites, parce qu'ils se laissent
dominer par l'orgueil; mais il y en a certainement
d'autres qui doivent en partie à l'amour-propre leurs
bonnes manières, leur politesse, leur savoir-faire et
leurs succès; et cependant, il faut le dire, l'amour-
propre, qui ne saurait jamais remplacer le vrai mérite, ne remplace pas davantage la vertu. Mais, en
fût-il autrement, mes chers enfants, de plus nobles
principes devraient toujours vous guider : il faut que
l'humilité chrétienne soit la base de votre politesse,
et que la charité en soit l'âme et l'ornement; car, encore une fois, la vraie politesse doit venir du cœur, et
d'un cœur chrétien.

L'amour-propre, chez les jeunes enfants, ne se déguise presque pas ; souvent, au contraire, il se manifeste d'une façon très-curieuse, suivant les occurrences, tantôt par la joie que leur donnent les louanges ; tantôt par le dépit que leur causent les reproches ; d'autres fois par des préférences qu'ils ambitionnent sur leurs camarades, par des jalousies qui troublent leurs amitiés, par de petites colères qui naissent du mépris ou de la résistance, enfin par un esprit de domination, qui souvent apparaît déjà sous les formes les moins enfantines.

Il est naturel et légitime qu'un enfant soit sensible aux éloges et aux reproches de ses parents ou de ses maîtres ; mais ce doit être moins par amour-propre que par la satisfaction légitime qu'on éprouve à contenter Dieu et ceux qui le représentent près de nous, ou par la peine qu'on ressent d'avoir manqué à son devoir et mécontenté ceux à qui l'on doit pleine satisfaction. Ainsi reçus, les reproches et les louanges ne font jamais de mal ; mais, au contraire, ils aiguillonnent puissamment les âmes dans la voie du bien. C'est ainsi que la foi, mes chers enfants, veut que vous les receviez toujours.

La jalousie est très-commune parmi les enfants ; mais ordinairement elle se cache, et avec d'autant plus de soin que leur raison est plus développée, parce qu'elle a honte d'elle-même. C'est, en effet, un des défauts les plus avilissants de notre pauvre nature humaine. Il fait souffrir beaucoup ceux qui en sont possédés et leur fait commettre bien des fautes ; il va jusqu'à troubler le sommeil, empêcher l'application de l'esprit, remplir le cœur de mélancolie et altérer la santé. Aussi se traduit-il au dehors par un air sombre, des yeux pleins d'une colère concentrée, et par des paroles qui, sous le voile d'une feinte modération, cachent une haine violente. L'envie déprécie son adversaire, et lui décoche les traits les plus acérés, toutes les fois qu'elle en trouve l'occasion, sans se laisser voir, comme un oiseau nocturne qui n'a le courage d'attaquer ses victimes que dans l'ombre ou pendant leur sommeil ; pour se satisfaire, elle a recours à mille artifices, et quelquefois aux vengeances les plus cruelles.

Elle peut naître dans l'âge le plus tendre. J'ai connu deux enfants, dont l'un, âgé de moins de dix ans, mourait visiblement de langueur, consumé par la jalousie qu'il avait conçue contre son frère. Rien n'égalait la peine et l'embarras qu'une si étrange et si cruelle passion causait à leurs parents.

Mais, à quelque âge qu'elle paraisse, elle est détestable et détestée ; et c'est en vain qu'on espérerait la cacher, quand on n'a pas le courage de l'étouffer. Dieu le permet ainsi pour la honte du coupable. Les grandes personnes elles-mêmes, avec toute l'habileté qu'elles peuvent avoir, ne parviennent presque jamais à en dérober tous les signes ; elles se trahissent toujours par quelque côté. Or, sachez-le bien, elles se déshonorent, aux yeux des hommes, par tous les actes qui révèlent leurs noires intentions. Puissiez-vous, mes enfants, garder à jamais vos cœurs d'une passion si odieuse et si contraire à la charité de Jésus-Christ!

Ce n'est que le premier fruit de l'arbre funeste que nous voulons arracher de vos cœurs. Ce même orgueil rend fourbe, cruel; il fait qu'un homme sacrifie ses amis, quand son amour-propre y est intéressé, et se venge quelquefois horriblement de ses ennemis, quand il le peut faire impunément. Aussi, n'a-t-on jamais qu'une demi-confiance dans les orgueilleux.

L'orgueilleux est arrogant et lâche, il montre une hauteur insolente à ses inférieurs, et il est quelquefois d'une platitude révoltante devant ses supérieurs.

L'orgueil est sot et ridicule, il se fait un mérite de ce qui n'en est pas un, et tombe dans des affectations qui font rire de lui. Les exemples ne manquent pas.

Charles est un enfant dont la figure blanche et fine, comme les fruits éclos à l'ombre, n'a rien d'intéressant. Mais, pour lui, c'est le plus précieux des trésors: il la regarde souvent avec amour dans le miroir, il la porte dans son imagination et dans son cœur; il la compare à celle des autres, et il lui donne le prix de la beauté; je dirais presque qu'il l'adore. Il a des cheveux blonds, qu'il peigne avec soin, qu'il divise avec art sur un côté de la tête, et dans lesquels il encadre habilement son petit visage. Il emploie la pommade pour donner du lustre à sa chevelure; il arrange jusqu'à ses sourcils... Qui dira ses soins, ses industries, ses précautions, ses tendres sollicitudes? Le succès répond-il à son attente? Non, s'il espère en être estimé davantage; car la vanité est méprisée. On ne nie pas, il est vrai, qu'il y mette beaucoup de génie; tout le monde en convient, au contraire, mais on en rit.

Il a le cou dégagé, il sait relever la tête avec une certaine dignité, puis la pencher de côté et d'autre avec un laisser-aller qu'il croit du grand ton. Sa taille est svelte, il n'en connaît pas de plus élégante. Ses manières sont très-étudiées; il ne voit faire à personne un beau geste, ni prendre une attitude séduisante, qu'il ne les retienne et ne s'efforce de les reproduire. On dirait qu'il met tout son esprit autour de sa tête, dans les mouvements de ses membres et dans la forme de ses habits.

On lui en connaît peu d'ailleurs; il fait de chétives études, il montre plus d'imagination que de jugement. Il ne sait pas travailler avec application; aussi n'aspire-t-il à d'autre prix qu'à celui de la beauté. Son caractère est à peu près aussi insignifiant que sa figure et toute sa personne. Il n'y a rien de remarquable en lui, disons-le sans détour, que le sot orgueil qui perce de toute part et dont chacun se moque en arrière.

Cependant observons-le, pour nous instruire. Si vous le considérez à l'improviste, lorsqu'il est en grande tenue, vous le verrez toujours occupé de ses cheveux, de sa cravate, de ses manchettes, de ses ongles, des plis que font ses vêtements, enfin de sa toilette. Il se regarde dans toutes les glaces qu'il rencontre, s'y passe en revue de la tête aux pieds, ou bien tantôt sur un point, tantôt sur un autre, et n'abandonne son image qu'avec un léger sourire de satisfaction. Je disais que son esprit est là tout entier; il faut y joindre son cœur.

Lorsqu'il est avec des personnes qui le connaissent beaucoup, il se néglige extrêmement : il est souvent mou, paresseux, ennuyé, peu aimable. Mais conduisez-le dans une société dont il peut capter les suffrages, vous le voyez déployer aussitôt toutes les grâces de sa personne : il salue avec une souplesse charmante et de petits mouvements de tête dans le dernier goût. Il se tourne élégamment, il sourit à tout le monde : ses yeux, sa bouche, ses traits, tous ses gestes ne savent que flatter, caresser, admirer, applaudir. Il paraît ne penser qu'aux autres, et ne pense cependant qu'à lui. Si vous pouviez démêler la vérité derrière tout cela, vous liriez en gros caractères : Voyez comme je suis aimable !

Considérez-le bien, en effet : il ne parle plus, il écoute; mais que dis-je? il parle par son maintien. Voyez comme il passe souvent la main dans ses cheveux ! comme il en tourne les boucles dans ses doigts! Puis remarquez-vous qu'il allonge le pied? Vous ne l'avez pas assez regardé; le voilà qui croise les jambes, en dépit de la civilité. Pourquoi? Vous ne le devinez pas? n'apercevez-vous pas ces souliers neufs, ce pied fin? Voilà ce qu'il voulait vous montrer. Ensuite, il quitte un de ses gants, quoiqu'on doive les conserver toujours en compagnie; mais ce n'est que pour un moment; sans cela, les dames qui sont présentes ne verraient pas combien ses mains sont blanches et ses ongles bien taillés! Lorsqu'il souriait, avez-vous remarqué l'éclat de ses dents? Lorsqu'on parlait du ciel, avez-vous vu comme ses yeux se sont élevés en croix et comme son visage a pris un air de béatitude? Quand on a changé de conversation, avez-vous observé comme ses traits ont suivi avec fidélité les variétés de la pensée de ceux qui parlaient? Avez-vous remarqué ces petites exclamations, placées à propos, cet air étonné, puis cet épanouissement général, pour montrer combien il approuvait ce qu'une dame lui disait? Un pantin, dont on tire les cordes, n'est pas plus docile à la main qui le fait mouvoir. Voilà un jeune homme qui sait plaire! De grâce, regardez-le encore lorsqu'il s'allonge, ou se lève, ou se tourne et se retourne; apercevez-vous comme ses habits sont bien taillés et bien faits, comme ils laissent voir les formes élégantes de son corps? Regardez-le donc, qu'il ne perde pas toute sa peine, et convenez que c'est un jeune homme d'un rare mérite. Ceux qui l'ont si habilement élevé doivent être bien heureux!

Qui lui a donné ces habitudes de femmelette? qui a faussé de la sorte son esprit? qui a jeté dans son cœur l'amour de pareilles petitesses? qui a dégradé cette âme d'homme et de chrétien au rang des singes et des paons, qui ne savent que se lécher ou s'éplucher pour faire des parades? Hélas ! j'ai peine à le dire ; car il est des noms si sacrés, que les plus coupables faiblesses ne doivent point nous empêcher de les respecter : c'est sa mère ou sa *bonne maman !* Elles lui ont dit qu'il était joli et mignon, comme le disent trop souvent les mères :

> « Mes petits sont mignons,
> « Beaux, bien faits et jolis sur tous leurs compagnons. »
> (*Le hibou à l'aigle.* LA FONTAINE.)

Et le pauvre enfant l'a cru. Puis il a vu que sa tendre mère attachait tant de prix à sa chevelure, à ses dents, à son nez, à la blancheur de sa peau, qu'il a cru qu'entre tous les trésors du monde, il n'y en avait point de plus estimable.

O mes enfants, aimez et respectez vos mères, vous ne leur rendrez jamais ce que vous leur devez ; mais si elles vous inspiraient des goûts indignes d'un homme de tête et de cœur, plaignez leur erreur, et suivez plutôt les principes de la sagesse éternelle ou les bons exemples de ceux qui portent avec le plus d'honneur la dignité d'homme et de chrétien.

Je me rappelle qu'étant encore séminariste, j'eus le bonheur de rencontrer un de ces personnages éminents dans l'art d'être ridicule. Il ne manquait rien à sa toilette : chapeau luisant, cheveux bouclés, habit neuf et serrant la taille jusqu'à y faire des plis, pantalon noir parfaitement tiré, souliers fins et étroits, tout était de la dernière mode. Cet homme semblait marcher par ressorts et reproduire attentivement les leçons d'un maître de danse ; il balançait avec art ses bras courbés en arc, et donnait à tout son corps un mouvement oscillatoire, difficile à décrire, mais merveilleux à voir. Il cherchait des yeux pour l'admirer ; j'arrivai fort à propos. Je traversai la ville tout entière, pour prolonger sa jouissance et la mienne. Ce dut être un des plus beaux jours de sa vie. Mais ce bonheur des sots, des cœurs frivoles, des hommes de rien, ne saurait jamais être le vôtre, mes chers enfants. Reprochez-vous, comme une bassesse, tout attrait pour cette sorte de vanité.

Arthur est d'un caractère impérieux et hautain : la raison, qu'il n'en donne pas, c'est que son père a cent mille francs de rente et qu'il a pris le nom d'une de ses terres, pour se donner un air de noblesse. Ce jeune homme a-t-il du mérite? — Hé! oui ; car, n'ayant qu'une sœur, il peut avoir en espérance cinquante mille francs de rente. — Mais, je veux dire, a-t-il du mérite personnel? — Certainement, il est robuste, il a une grosse tête, un nez fort prononcé et légèrement courbé, les sourcils noirs et épais, les cheveux crépus ; il jouit d'une force musculaire considérable, il en est très-fier et la fait sentir trop souvent à ses condisciples ; car il est d'un naturel très-violent. — Mais a-t-il du mérite du côté de l'esprit? — Oui, il monte à cheval assez bien, fait des armes passablement, et montre du goût pour la gymnastique. — A-t-il quelque succès dans ses études? — Mais... il n'est pas toujours le dernier dans sa classe. — C'est là tout? — Hé! n'est-ce pas beaucoup? Vous croyez peut-être qu'il faut au moins avoir, dans l'intelligence, quelque chose de distingué, pour se croire en droit de prendre des airs hautains et impérieux? Vous vous trompez, c'est tout le contraire.

Félix est un esprit facile, qui réussit dans ses études; il est souvent le premier de sa classe, surtout dans les facultés brillantes. C'est un avantage qu'il a reçu de Dieu, sans autre mérite, assurément, que celui du pauvre qui reçoit d'un riche une pièce d'or; mais il n'en juge pas ainsi : il se l'attribue tout entier, au moins de fait. Il se croit un petit génie; et plus il y réfléchit, plus il en trouve des signes en lui-même. Dès lors, qui pourrait dire les châteaux que son imagination construit, et le brillant avenir qu'elle lui montre? Il serait trop long d'indiquer seulement tous les genres de rêveries qui lui passent par la tête. D'ailleurs, ne sortons pas de notre plan, rappelons-nous que nous étudions les convenances sociales. Voyons donc seulement en quoi il les blesse.

La haute opinion qu'il a de lui-même donne à ses yeux et à son visage quelque chose d'arrogant, de présomptueux, de dédaigneux, qui se retrouve dans toutes ses manières et surtout dans son langage. Il fait l'homme à dix-huit ans. Il parle peu, mais il vise à l'effet. Tout ce qu'il dit sent l'homme qui connaît son mérite, qui n'ignore rien, qui est sûr de ce qu'il sait, qui n'a rien à apprendre de vous, et qui ne vous parle que par politesse ou condescendance. Copendant, au fond, il mendie vos louanges, il n'est si fier que pour ravir votre estime. Si vous la lui accordez, vous serez de ses amis ; si vous la lui refusez, vous n'aurez ni esprit, ni savoir, ni amabilité ; vous serez un homme de rien.

Durant le cours de ses études, il était peu aimé de ses condisciples, à cause de son orgueil et de ses prétentions, qu'il ne savait pas assez cacher. Dans le monde, il ne l'est pas davantage. Il n'a pas d'amis parmi les jeunes gens instruits, soit parce qu'il les trouve au-dessous de lui, soit parce qu'ils ne rendent pas assez d'honneur à son mérite. Sa plus agréable compagnie est celle de quelques hommes médiocres, qu'il a séduits par son étalage de science, et qui ne cessent de lui dire combien ils l'admirent.

Il est d'une famille pauvre et manque de protecteurs pour avancer ; son excessive ambition en souffre prodigieusement. Aussi a-t-il une haine furieuse contre les grands et les puissants. Il s'apitoie sur le sort des petits, et appelle de tous ses vœux un ordre de choses où le mérite seul aurait la fortune et la gloire. Ses déclamations le rendent odieux aux gens de bien. Il est socialiste.

Avec tant d'orgueil, vous concevez qu'il est extrêmement susceptible. Comme il est persuadé qu'il ne se trompe jamais, si quelqu'un s'avise de le redresser, il se fâche et se tient pour très-offensé. De quelque forme que vous enveloppiez votre observation, il sent la pointe qui le pique, et vous voyez, à son changement de visage, que vous l'avez blessé. Dès lors, à moins que l'assemblée entière ne lui donne hautement raison contre vous, il sera de mauvaise humeur et gardera le silence le reste du temps. Peut-être même il sortira, sous un prétexte quelconque, et, en passant près de vous, il vous lancera un regard qui vous en dira le vrai motif.

Il n'avoue jamais ses torts ; il se croit incapable d'en avoir. Il aime mieux recourir à toute espèce de mauvaises raisons que de céder, quand il s'est avancé. Son orgueil l'empêche de voir qu'il achève par là de se perdre dans l'esprit des assistants, tandis qu'il eût réparé son erreur ou sa faute avec avantage, s'il eût convenu modestement qu'il s'était trompé.

Tout n'est pas fini là : son orgueil vous garde rancune ; il se plaindra de votre malhonnêteté, rapportera ce que vous avez dit d'une façon toute différente de la vraie, et s'autorisera de la surprise qu'on marquera touchant votre prétendue impolitesse, pour justifier sa haine. N'ayez pas besoin de ses services, car il faudra vous en passer : et prenez garde qu'il trouve l'occasion de se venger, car il n'y manquera pas. Ce caractère est détestable, mes chers enfants ; je veux que vous n'en souffriez aucun trait dans vos âmes, d'ailleurs si droites et si chrétiennes.

L'orgueil est, comme son père Satan, capable de prendre toutes les formes. Tantôt il se montre avec ostentation, tantôt il se cache hypocritement ; tantôt il inspire l'audace, tantôt il engendre la timidité. Nous venons de donner des exemples du premier genre; en voici un du second.

Edouard ne manque point d'esprit et de talent, et il ne l'ignore pas; il aime excessivement les louanges, se montre très-susceptible, et boude des jours entiers, quand on ne rend pas justice à son petit mérite ou que l'on contrarie ses volontés. Il sait cacher sa colère, il est sournois; mais il a des rancunes terribles, et des ruses incroyables pour les satisfaire. Voilà ce que disent tous ceux qui le connaissent. Vous ne l'en soupçonneriez pas, à le voir, s'il n'est familier avec vous.

C'est un enfant que sa timidité fait souvent passer pour un sot et à qui elle fera le plus grand tort, s'il ne la surmonte. Il se cache quand des étrangers viennent visiter ses parents. S'il est surpris et forcé de se montrer, il baisse la tête, rit en dessous et ne dit pas un mot, ou bien il parle si bas et si vite qu'on ne peut l'entendre. Toutes ses manières sont gauches et embarrassées. Il est ridicule, impoli, maladroit; et cependant, malgré plusieurs défauts de caractère, il a de l'esprit et de bonnes qualités. Pourquoi les cache-t-il donc? Parce qu'il craint de ne pas les faire apprécier, et qu'il sent trop son défaut d'éducation. Voilà le secret de sa timidité. Illusion de l'orgueil! on pardonne tout à la simplicité, et rien ne charme autant dans un enfant que cette naïveté, même inculte, dont le propre est de ne connaître ni la défiance ni la dissimulation. Ne soyez donc ni rusés, ni timides, mais humbles et confiants, avec les personnes qui ne vous veulent point de mal.

Cependant il est un autre genre d'orgueil qui mérite bien davantage l'indignation des honnêtes gens : c'est celui qui brave les usages, et qui, en les méprisant, se fait un mérite de son audace. C'est souvent tout le mérite de ceux qui se parent de celui-là.

Ainsi la jeunesse d'aujourd'hui affecte l'indépendance et pousse le sans-façon jusqu'à l'insolence. Une dame, un vieillard, un homme respectable, rencontrent dans la rue un jeune homme dont l'habit annonce une certaine éducation, bien que son air fier et son cigare au coin de la bouche diminuent cette bonne impression : il y a un siècle, ce jeune homme leur eût cédé le haut du pavé ou le trottoir, avec une modestie qui les eût édifiés. Mais, aujourd'hui que les idées de respect ont baissé et que l'arrogance supplée à la grandeur d'âme, le jeune fat les forcera de descendre dans le ruisseau, et peut-être les saluera d'une bouffée de fumée qu'il leur lancera au visage. Il sera encore plus audacieux, s'il tient par le bras quelque camarade de son espèce. Voilà de quoi se plaignent tous les honnêtes gens qui ont vu d'autres mœurs. Je vous signale ces indignes procédés, mes chers enfants, pour que vous les ayez en exécration et pour que jamais aucun de vous ne se laisse aller à un si stupide orgueil.

C'est le même orgueil qui méprise les avantages qu'il n'a pas et qu'on loue devant lui; il croit que le dédain remplace le mérite, comme si l'arrogance compensait la sottise.

C'est encore lui qui cherche la distinction dans la bizarrerie, et qui, ne pouvant s'élever au-dessus des autres, se place *à côté* et se fait remarquer en ne ressemblant à personne. De là tant de modes diverses, tant d'allures excentriques, tant de manières d'agir insensées. Ces hommes *distingués* pullulent aujourd'hui.

Je ne parle pas des dames, dont chacun connaît le faible en fait de toilette, et dont plusieurs ne savent à quelles nouveautés avoir recours pour attirer les regards. Mais je parle de ces jeunes extravagants qui donnent à leur chevelure, à leur barbe, à leurs habits, les formes les plus singulières, pour montrer le peu d'esprit qu'ils ont. Je parle de ces hommes dont le langage, les manières, les actions, s'éloignent tant de la modération, du bon sens et du bon ton, qu'on s'étonne d'une telle aberration de jugement. Je parle enfin de ces écrivains effrénés, qui sont originaux jusqu'à la bizarrerie, qui font consister le sublime dans l'étrangeté, qui cherchent l'intérêt dans les excès de barbarie ou de dépravation, qui aiment la licence par goût, et dont l'orgueil sacrifie tout à la passion d'être remarqués. Tous les hommes qui respectent le bon goût et les bonnes mœurs ont raison de flétrir hautement ces scandaleuses productions, et devraient peut-être se montrer plus courageux pour en arrêter la propagation. Pour vous, mes enfants, gardez-vous de lire de si mauvais modèles, et ne cherchez jamais à les imiter.

Quand un homme est simplement extravagant et qu'il se borne à faire rire de lui, sans causer de mal à personne, on n'est pas tenu de lui montrer tant d'indignation. Cependant il y a encore un artifice de l'orgueil qui sent trop l'hypocrisie pour qu'on le pardonne aisément; c'est celui d'un homme qui se met à la dernière place pour qu'on le fasse passer à la première, qui dit du mal de lui-même pour qu'on se récrie, et qui feint de cacher le bien qu'il fait, pour qu'on le remarque davantage. Cette fausse modestie, si avilissante, n'échappe aux regards de personne et révolte avec raison les âmes droites; si elles n'osent le faire connaître, elles n'en jugent pas moins sévèrement l'orgueilleux.

Je connais quelqu'un qui eut le courage ou la malice de paraître persuadé du mal qu'une dame disait hypocritement d'elle-même. Aussitôt qu'il laissa échapper le mot : *Je vous crois*, elle devint furieuse et l'accabla des plus durs reproches, en lui demandant : « Qu'ai-je jamais fait, Monsieur, pour que vous me croyiez capable de pareilles choses? — Hé! Madame, je m'en rapportais à vous. »

C'est à ce genre d'orgueil qu'il faut rattacher cette ruse des amateurs de louanges, qui, après une action d'éclat, une manœuvre, un discours, s'en viennent doucement critiquer ce qu'ils ont fait, et attaquer de préférence ce qu'ils croient avoir été le mieux, afin qu'on ait occasion de décerner à leur vanité les éloges et les honneurs qu'ils n'osent réclamer ouvertement. Personne ne s'y méprend : les dames surtout, à qui toutes les petites industries de la vanité sont si bien connues, triomphent en ces heureuses rencontres : quand elles ne sont pas chrétiennes, elles se donnent le double plaisir de rassasier de compliments le sot qui les mendie, et de s'amuser ensuite de lui dans toutes les visites qu'elles font ou qu'elles reçoivent.

A quelles ruses l'orgueil n'a-t-il pas recours? J'ai vu des personnes qui croyaient se rendre intéressantes en se disant très-nerveuses, plus nerveuses que les autres, et en ne manquant jamais d'en donner des preuves, quand on leur racontait quelque chose d'effrayant. Dès les premiers mots, elles se récriaient, puis elles n'y pouvaient plus tenir, et enfin elles se seraient pâmées si l'on eût continué. Mais la politesse ne le permettait pas. Ce genre d'orgueil est encore à la mode dans une certaine classe de dames, et je sais même quelques hommes qui, sur ce point, sont femmes. C'est grand'pitié! La sensibilité est noble, mais la sensiblerie est ridicule.

Ces personnes se plaignent souvent d'être malades, non de la maladie que chacun découvre, mais de maladies inconnues, qui proviennent de l'excès de leur sensibilité, de l'élévation de leurs sentiments, de la noblesse et de la générosité de leur cœur. Elles envient le bonheur de ceux qui sont froids ou qui n'ont pas d'esprit; mais elles ne sauraient être comme eux, et elles en sont malheureuses ! Compatissez à leur douleur, et ne soyez jamais si impertinents.

Il y en a qui s'imaginent de bonne foi avoir une mauvaise santé, parce qu'ils prennent pour des maladies ces malaises de mille sortes, dont notre misérable nature n'est jamais exempte; et, quand ils se sont une fois persuadé qu'ils ont l'estomac faible ou la poitrine délicate, personne ne saurait les détromper. Par conséquent, aucun médecin ne saurait les guérir; au contraire, à force de remèdes et de soins débilitants, ils finissent souvent par se rendre véritablement malades; et, malgré cela, au lieu de les plaindre, chacun continue à se moquer d'eux. Voilà où peut conduire certain défaut de jugement.

D'un autre côté, j'ai vu, de la part du monde, de cruelles injustices sous ce rapport. J'ai vu des personnes vraiment souffrantes traitées longtemps de malades imaginaires. Évitez l'un et l'autre de ces défauts.

Il en est d'autres qui ont la manie de se vanter, les uns très-ouvertement, ce qui est sot et grossier; les autres très-adroitement, ce qui est plus fin, mais non moins condamnable. Les premiers parlent toujours d'eux-mêmes, de ce qu'ils ont dit, de ce qu'ils ont fait, et s'applaudissent. Ils se citent eux-mêmes; leurs mots favoris sont : *Moi, je, pour moi, quant à moi, voyez-vous, moi !* puis ils vantent, sans détour, la fortune de leurs parents, les faits et gestes de leurs grands-pères, et ne rougissent pas de faire sentir à quelques condisciples leur infériorité sociale, la pauvreté de leurs familles, les défauts ou les malheurs de leurs parents les plus proches; ce qui est d'une impertinence et d'une insolence que la bêtise seule peut excuser.

Les seconds parlent bien aussi de leur famille, de leur fortune, de leurs titres de gloire, mais si finement que vous n'apercevez pas du premier coup l'orgueil qui les inspire. En vous racontant une anecdote, par exemple, ils vous apprennent incidemment que leur père possède un magnifique château, et qu'un prince vint l'y visiter en telle année; ils insistent sur le détail, pour vous faire voir qu'ils ne pensent pas à ce qui les fait parler. Ils ajoutent que le comte de... est leur cousin, que la marquise de... est la tante de leur mère, que tel personnage est leur ami d'enfance, que tel autre était leur émule au collège et que la victoire était disputée; et on voit qu'ils les tutoient, car ils les appellent par leurs petits noms et les apostrophent très-familièrement. De là, ils passent à des histoires de collége, dans lesquelles ils ne vous disent pas qu'ils faisaient admirablement le discours latin, les vers, et ce qu'il y avait de mieux, mais vous le voyez bien. Si c'est vous qui parlez de lettres, de sciences, d'arts, ils vous répondent de manière à vous laisser entendre qu'ils ne sont inférieurs à personne en tout cela. Vainement vous changeriez de matière, ils sont experts en toutes choses, à moins qu'il ne s'agisse de détails que les esprits supérieurs ont coutume de négliger; dans ce dernier cas, ils consentent à les ignorer. Vous ne pouvez pas dire qu'ils se sont vantés, et cependant ils n'ont pas fait autre chose. Pauvres gens ! ils s'applaudissent de leurs succès; mais on les a devinés, et ils ont été méprisés.

Il est dangereux de paraître savoir plus qu'on ne sait. Sur ce, il me vient une histoire que je vous raconterai pour vous distraire. Nous étions à la campagne quatre jeunes élèves fort modestes, sachant seulement ce qu'on apprend au collège, c'est-à-dire peu de chose, quand nous reçûmes les saluts fraternels d'un jeune homme de bonne maison, élevé par un précepteur; et sachant à seize ans tout ce qu'un homme peut savoir, même quelque chose de plus, ainsi que vous le verrez. Son air dégagé, ses manières aisées, son babil à la fois aimable et tranchant, et surtout ses vastes connaissances, nous en imposèrent. Nous l'écoutions parler de tout, avec admiration, et nous disions tristement : On ne nous apprend rien au collège; voilà une éducation soignée! Une bonne dame ajoutait : Voilà un jeune homme comme il faut! c'est cela, mes enfants, qui fera un homme distingué! Et nous baissions les yeux.

J'étais plus tard au grand séminaire : un jour de rentrée, je vois arriver notre illustre connaissance; je regardai deux fois, c'était bien lui, son même air dégagé, sa tête haute, sa parole assurée, tous ses traits enfin. Il ne me reconnut pas, je m'effaçai. Il aspirait au sacerdoce. Je bénis Dieu qui envoyait un

tel esprit à son Église... Hélas ! fallait-il être si cruellement détrompé ! Mon petit génie, dans toute l'année, n'étudia bien que la question *De l'âme des bêtes* ;
mais il la possédait à fond, et pouvait vous tenir tête
d'autant plus longtemps qu'il n'écoutait point ce qu'on
lui répondait. Il était encore très-fort en histoire
ecclésiastique : un jour, nous parlions de la Réforme,
quand il arriva dans nos rangs, et, s'emparant de la
conversation, nous demanda de quoi il s'agissait. —
D'histoire naturelle, répondit un malin séminariste ;
nous cherchions dans quelle famille des cétacés ou des
mollusques il faudrait placer les OEcolampade, les
Zwingle, les Mélanchthon et les Bèze. — Notre homme
trouva la question difficile, quoiqu'il possédât, comme
le reste, l'histoire naturelle ; mais enfin, il allait sans
doute nous donner sa réponse, quand un grand éclat
de rire lui apprit qu'il devait être lui-même classé
parmi les sots. Il est bien entendu que l'année suivante
ne le revit pas au séminaire.

Les orgueilleux de cette espèce sont extrêmement
tranchants : leur petit jugement, qui devrait les rendre circonspects, leur ôte même l'hésitation. Ils ne
doutent de rien : ils affirment, ils nient, ils décident
infailliblement. C'est pourquoi ils sont précisément
nés pour ne décider jamais de rien ; la vie d'obéissance est la seule qui leur convienne ; car, s'ils commandent, ils feront toutes sortes de bévues et seront
les plus insupportables des maîtres.

Partout où ils vont, ils prennent les premières

places; ils interrompent la conversation, pour émettre leurs idées, ils la dirigent; ils censurent ce que l'on dit, ils règlent ce qu'on doit penser, et leurs jugements sont le *nec plus ultra* du bon sens. On en vient là, en vieillissant, quand on suit cette voie.

Maurice est présomptueux; il a quelque talent et beaucoup d'audace. Lorsque son professeur interroge la classe, il se lève toujours le premier, sûr de répondre mieux que les autres; mais il répond souvent mal ou moins bien, et alors il se fâche et boude pendant plusieurs jours. Quelquefois il fait le dédaigneux : il écoute les questions en souriant, et se tait; s'il ne répond plus, c'est qu'il laisse ce petit honneur aux derniers de ses condisciples.

Au jeu, il impose ses idées; c'est lui qui en fixe les règles et qui fait la loi. Il ne croit personne plus habile que lui et plus digne de commander. Quiconque n'accepte pas son autorité est son ennemi, et il saura bien le lui faire sentir.

Il sait un peu de musique; vous le prendriez pour le chef d'orchestre, dans les répétitions générales, tant il en a la prestance, le coup d'œil, la sollicitude et quelquefois le langage. Il lui arrive cependant souvent de faire de grosses fautes et d'embrouiller tous les autres.

Lorsqu'il est dans sa famille et que son orgueil a le champ plus libre, il ne modère plus sa fierté et sa présomption. Son langage est insolent et ses actions extravagantes. Il faut que tout cède à ses caprices :

il ne donne pas un instant de repos à ses domestiques et les traite avec une hauteur révoltante. Il est le tyran de ses frères et de ses sœurs, moins par droit d'aînesse que par droit de génie; car il se croit un esprit supérieur, né pour commander. Au dehors, il n'a point d'amis : il voit seulement quelques petits paysans, de ses fermiers, qui se résignent par crainte à lui servir de jouets, comme de pauvres esclaves, pendant ses trop longues vacances.

S'il fait quelque sortie, c'est pour être vu et admiré. Il fait ostentation de ses habits, de son cheval, de sa personne, de tout ce qui peut le relever aux yeux des sots. Il aime les assemblées publiques, parce qu'il y peut étaler son faste. A l'église même il a soin d'arriver pendant le sermon, pour être remarqué ; il prend une chaise d'un air dégagé, fait grand bruit, et, passant devant tout le monde, va se placer effrontément en face de la chaire, aux premières places.

Ce sera plus tard un de ces hommes tranchants, qui n'estiment qu'eux-mêmes et ne trouvent bien fait que ce qu'ils font. Esprits difficiles et arrogants, sottement épris d'un prétendu mérite que souvent personne ne voit ! Il leur manque un peu de bon sens, mais qui leur en donnera? Ils sont méprisés et détestés.

Rien n'égale la prodigieuse diversité de formes que prend l'orgueil. Sous son inspiration, la nature humaine est un protée.

L'un est amateur du beau langage; il n'use que de mots choisis, qu'il exprime en se pinçant les lèvres.

J'ai connu un jardinier qui était, sur ce point, d'une délicatesse exquise; il employait rarement les mots communs, il avait recours à des circonlocutions : il maudissait, par exemple, *ces gros vers blancs, qu'on appelle vulgairement des turcs*, et *ces insectes ailés qui mangent les feuilles des arbres*. Il eût été à sa place dans les *Précieuses ridicules*.

L'autre est complimenteur outre mesure; il ne vous dit rien qui ne soit un compliment. Il ne nomme ni vous, ni aucun de vos proches, sans y joindre une épithète flatteuse, avec tous vos titres honorifiques. Il sait par cœur toutes les formules polies, et il s'étudie à les faire passer partout, comme du fil d'or dans un tissu quelconque. Quelque fécond que vous soyez vous-même en remerciements, vous en serez bientôt réduit à vous répéter, ou à fuir l'importun, pour ne pas rester au-dessous de sa politesse. Il y a des hommes bien ennuyeux !

Il y en a d'autres qui sont d'une susceptibilité excessivement ombrageuse; non-seulement ils se piquent au moindre mot et se formalisent au moindre oubli; mais tout ce qu'on fait leur est suspect. Comme ils sont persuadés qu'on ne peut penser qu'à eux, si vous riez en arrière, ils s'imaginent que c'est d'eux; si vous dites un mot bas à quelqu'un, ils croient que c'est contre eux; si vous les questionnez, ils supposent que vous doutez de leur savoir; si vous évitez de leur parler, ils trouvent que vous les dédaignez. Que faire donc? Ils sont insupportables! Ils devraient au moins dissimuler leur inquiétude, car cette inquiétude est un tourment pour ceux qui en sont la cause involontaire.

Qui racontera toutes les ruses, toutes les manies, toutes les petitesses de l'orgueil ? L'un fait de l'esprit à contre-temps, quand il n'a pas l'occasion d'en faire à propos ; l'autre fait des sottises à dessein, plutôt que de rester inaperçu.

Celui-ci change son nom, qu'il trouve malsonnant ; celui-là admire le sien qui a un air de noblesse, et ne va jamais voir un monument, qu'il ne l'y inscrive parmi ceux des autres impertinents.

Quel est ce fat qu'on voit à toutes les fêtes, à toutes les assemblées publiques, et qui s'y fait remarquer par ses cheveux bouclés et parfumés, sa toilette à la dernière mode, et son allure excentrique? Il grimace en parlant et tranche du grand seigneur. C'est un clerc de notaire. Le nom de son père est obscur, il en rougit ; ne lui en parlez jamais. C'était un très-mince cordonnier, orgueilleux aussi, qui se faisait appeler *marchand de cuir.* Il ignorait le proverbe, en le vérifiant : «Il n'y a pas de sot état, il n'y a que de sottes gens. »

Finissons par le plus odieux caractère dans le genre orgueilleux; car il outrage à la fois Dieu, la religion, la conscience et l'honneur.

Ludovic est un intrigant fin et rusé, qui veut à tout prix se faire une réputation : c'est là sa marotte.

Il a d'abord essayé de la dévotion : il priait à l'é-

glise, au milieu de nombreuses réunions, avec plus
de ferveur que personne ; il poussait quelquefois des
soupirs qui troublaient ses voisins, et l'on a même vu
des larmes couler de ses yeux. Mais il n'était remarqué que de quelques bonnes dévotes ; ce n'était pas là
son fait.

Sa foi était trop faible et son orgueil trop grand,
pour que sa mauvaise nature ne l'entraînât pas dans
une autre voie. Il alla étudier à Paris, et en revint
impie déclaré. Lorsqu'on lui demanda la cause de son
changement, il répondit qu'il avait reconnu la faus-
seté de la religion. Dès lors, il a crié contre la dévotion, contre les prêtres, contre le dogme et la morale,
à tous les points de vue. Il en a même écrit dans un
journal. Le scandale de ses quolibets l'a fait remarquer. Maintenant il se promène insolemment dans les
églises, regardant les tableaux, l'architecture, et
causant. Il est en horreur aux honnêtes gens, et s'appelle un bon gaillard chez ses pareils. Le voilà définitivement connu et classé. Son amour-propre doit
être satisfait.

C'est le plus terrible châtiment que Dieu puisse in-
fliger ici-bas à un orgueil qu'on n'a pas voulu réprimer dans ses jeunes années ; car il déshonore le coupable aux yeux des hommes honnêtes, et il n'est
souvent que le prélude d'une éternité malheureuse.

Le Saint-Esprit a dit que les orgueilleux sont toujours en dispute : en effet, comme ils veulent toujours
avoir raison, la plus petite contradiction les irrite, et,

quand elle est soutenue avec force, les met hors d'eux-
mêmes.

Ils sont donc souvent en colère : de là des réponses
vives, des paroles agressives, des injures, des sottises,
des grossièretés, dans le détail desquelles je n'entrerai
pas, attendu qu'ici toute explication est inutile; personne ne peut s'y méprendre. Mais remarquez bien,
mes enfants, que celui qui se fâche a toujours tort,
quand même il aurait le bon droit pour lui, et qu'il
manque par là aux premières règles de la bienséance;
car tout éclat, tout signe de colère, est une inconvenance que la politesse réprouve et qui attriste une
compagnie tout entière. Quand donc on ne sait pas se
contenir, il faut éviter la société des hommes.

Gardez-vous bien, mes chers enfants, de nourrir
dans vos cœurs des défauts si funestes. Ce sont des
serpents qui ne grandiraient que pour vous dévorer
les entrailles. De combien de tourments, en effet, la
colère et l'orgueil ne sont-ils pas la source? L'âme
qui en est possédée n'a pas de repos. Tout l'inquiète,
la trouble; tout irrite sa susceptibilité. Les paroles
dures, méprisantes, les actes injurieux la bouleversent,
l'exaspèrent ou l'accablent. La jalousie, la vengeance,
le désespoir, sont ses bourreaux et la torturent jour
et nuit.

Nulle consolation ne lui est donnée. Car les hommes
voient avec un secret plaisir les humiliations de l'orgueilleux; plutôt que d'arracher le trait qui le déchire, ils l'enfoncent davantage. Dieu, de son côté, a

les superbes en abomination ; il détourne d'eux ses regards, il les maudit. Il se plaît lui-même à les humilier ; il les abandonne à leurs ennemis, au tentateur, à leurs passions ; il leur retire sa grâce et les laisse tomber dans l'ignominie. Toutes ses prédilections et ses faveurs sont pour les humbles. La sainte Écriture le dit en mille endroits, et notamment dans cette maxime de l'Évangile, que nous ne devons jamais oublier : *Celui qui s'élève sera abaissé, et celui qui s'humilie sera exalté.*

# DÉFAUT DE TACT ET D'USAGE

Le défaut de tact est celui qui se corrige le moins, parce qu'il suppose un vice naturel du jugement; le défaut d'usage, au contraire, est celui qui se réforme le plus facilement, puisqu'il ne vient que de l'ignorance et de l'inexpérience. L'attention, la réflexion, la pratique du monde, sont leurs correctifs les plus simples.

Un homme sans tact, agissant au milieu d'une société dont rien n'égale la susceptibilité, est au moral ce qu'est au physique un ouvrier dont le toucher est émoussé, et qui palpe étourdiment, avec ses doigts cornés, des objets extrêmement frêles et délicats; il froisse et gâte tout ce qu'il touche. De même, l'homme dont le jugement n'a pas le sens exquis du tact offense en complimentant, blesse en caressant, et ne sait jamais prendre les hommes et les choses de la manière qu'il faut. Il ne connaît point ces nuances diverses du temps, des circonstances, des caractères, des passions, de l'âge et des habitudes, qui souvent modifient totalement le langage, l'action, la conduite d'un homme habile. Or, c'est en cela, non moins que dans le fond des choses, que consistent la bienséance et le secret d'être aimable.

L'étourderie fait souvent manquer de tact; elle fait commettre, surtout aux enfants, des oublis, des impertinences, des sottises, qu'ils ne commettraient point s'ils réfléchissaient un peu ; car ils les voient et en rougissent, aussitôt qu'ils les ont commises, et souvent même avant qu'on les en ait avertis. Mais celui qui manque absolument de tact ne s'aperçoit pas de sa faute, si personne ne la lui fait remarquer.

L'orgueil, la colère, la jalousie, la gourmandise, et en général toutes les passions, qui aveuglent l'esprit, entraînent aussi dans des impolitesses irréfléchies, qui sont des manques de tact ; or, disons-le tout de suite, il n'y a d'autre remède à cet aveuglement et à ces fautes que la répression de ces mêmes passions.

Quand on ignore les usages du monde, on fait aussi des bévues, qui passent souvent pour des défauts de tact, et qui ne sont que des fautes d'ignorance ; elles ne se pardonnent cependant qu'à ceux qui n'ont ni pu ni dû connaître ces usages.

Je n'assignerai point les sources de toutes les impertinences, les sottises, les impolitesses, les extravagances que je vais signaler ; pour n'être pas trop long, je me contenterai de vous en montrer l'inconvénance.

On pardonne aux gens de la campagne de parler quelquefois à tue-tête dans les appartements, parce qu'ils ont l'habitude de crier très-haut dans leurs champs, pour se faire entendre ; mais c'est du plus mauvais ton, et une personne bien élevée ne se le permet jamais. La gravité et la modestie parlent bas, sans éclat, et cependant de manière à se faire bien entendre.

J'ai vu des jeunes gens parler haut, tout près de personnes qui priaient Dieu. Ils auraient dû s'apercevoir qu'ils les gênaient extrêmement. Il fallait s'éloigner ou se taire.

J'ai vu les mêmes tenir une conversation à haute voix au milieu d'une compagnie qui écoutait une lecture, ou bien étourdir de leurs bruyants éclats des hommes de bureau qui étaient fort appliqués à des affaires graves et nécessaires. Tout cela est impertinent.

Un homme qui parle de guerre à une dame, de dentelles à un militaire, de mathématiques à un poëte, de bals à un prêtre, de pratiques dévotes à un incrédule, montre qu'il n'a pas de jugement ; parlez à chacun le langage qu'il aime ou qui lui convient.

Un homme qui ne parle que de ce qu'il aime, qui ne trouve d'admirable que l'art ou la science qu'il étudie, qui n'en saurait parler d'une manière calme et raisonnable, qui ne peut écouter ce qu'on dit sur un autre sujet, est un être extravagant, que son talent même ne saurait excuser.

« Ne parlez pas de corde dans la maison d'un pendu, » c'est-à-dire, ne réveillez jamais des souvenirs humiliants ou douloureux pour les personnes que vous entretenez. Et, pour cela, ne vous pressez pas trop de parler, si vous savez quelque histoire peu flatteuse.

Un étourdi, en arrivant dans une société nombreuse, raconte une aventure plaisante, et il le fait avec son abandon caractéristique; mais soudain les fronts se rembrunissent, son voisin lui donne un coup de coude, une dame se mouche ou tousse avec affectation; il ouvre de grands yeux, il ne comprend pas...; les héros de l'aventure sont devant lui.

Gardez-vous de raconter, devant des personnes nerveuses, des histoires horribles ou révoltantes; épargnez aux dames les descriptions peu agréables de certaines opérations chirurgicales ou chimiques. M. Thomas D. était un sot, quand il offrit à une demoiselle de la faire assister à la dissection d'un cadavre.

Si vous êtes à table, écartez de la conversation toute idée nauséabonde; il serait de la dernière grossièreté de chercher à faire souffrir les convives.

N'y parlez pas tellement, que vous n'ayez le temps de manger et qu'il faille ensuite vous presser d'une façon ridicule; et surtout, n'empêchez pas vos voisins de dîner, par vos questions continuelles et l'attention que vous exigez d'eux; car, s'ils ont de l'appétit, quelque chose que vous leur disiez, vous leur serez importun et peut-être insupportable.

Évitez-y les sujets trop sérieux, préférez ceux qui peuvent intéresser tous les convives. N'y apportez point de mauvaises nouvelles; celui qui vient étouffer la joie d'un festin ou d'une soirée par une histoire désolante, quand ce n'est pas nécessaire, n'a ni esprit ni charité. Laissez aux pauvres humains leurs courts instants de joie, et ne les attristez qu'à propos et par nécessité.

Un homme sans tact se reconnaît facilement dans un repas. D'abord, il est arrivé trop tôt; on ne savait que faire de lui ; ou trop tard, il a fallu l'attendre et le protéger contre les murmures des impatients. Puis, il ne s'est pas mis à sa place, il est au-dessus ou au-dessous. Ensuite, il veut savoir les noms de ceux qui sont à table, et le demande de manière à être entendu ; ou bien, jugeant les personnes sur la mine, il traite cavalièrement une duchesse, et réserve tous ses égards pour un jeune fat, dont la tenue lui en impose. Il se laisse servir avant ses voisins, et prend toujours ce qui lui paraît le meilleur, au lieu de le leur offrir. Il se verse à boire et ne songe pas aux autres; il offre de l'eau plusieurs fois à une personne qui n'en use pas. Il fait des compliments exagérés de tous les plats; ou bien, il en trouve un mauvais et le dit publiquement. S'il trouve quelque malpropreté, il la montre à toute la compagnie, et fait rougir les maîtres de la maison. Il a le langage des tavernes; il demande du bouilli, de la volaille, du bordeaux, du madère, et il s'affranchit de la plupart des usages reçus, dont nous parlerons prochainement en détail. Cela vient de ce qu'il est sans gêne.

S'il offre d'un plat, il donne un mauvais morceau; s'il partage du fruit avec un supérieur, il fait lui-même les parts et lui présente la plus mauvaise, qu'on est obligé de prendre poliment sans choisir. Il a négligé de vous offrir ce que vous aimez, il vous presse d'accepter ce qui vous déplaît, et il vous tourmente jusqu'à vous embarrasser. S'il s'adresse à une personne timide, il la force de manger contre son goût, en la pressant trop, et il la fait boire, malgré elle, des vins qu'elle n'aime pas ; après cela il s'admire : un autre, en effet, n'eût pas si bien réussi !

Si quelque chose l'embarrasse dans son assiette, il le jette sous la table ou par la fenêtre ; puis il fait des excuses aux domestiques, qui s'en sont émus. S'il lui arrive de renverser ou de briser quelque chose, il en rit, ou il en est attristé jusqu'à la fin du repas : deux extrémités aussi sottes l'une que l'autre.

Si les plats sont trop chauds, si quelqu'un renverse de la sauce près de lui, si un domestique ne le sert pas assez vite, quelquefois notre homme se fâche ; il ignore que, lorsqu'on est chez les autres, s'impatienter, murmurer de ce que les choses ne vont pas à notre gré, c'est toujours être très-malhonnête ; mieux valait rester chez soi.

Quelquefois des jeunes gens mal élevés osent se permettre de lancer à leurs camarades des morceaux de pain, des pelures de pomme, des fruits, avec une grossièreté écolière. Ceci ne se fait qu'entre gamins, ou quelquefois à la fin des noces de campagne. J'ai connu une dame qui manqua de perdre un œil aux noces de sa fille, dans une pareille bataille ; tous les convives se séparèrent, et la joie fut finie.

Un morceau tombe sur la nappe, ou du fruit à terre; l'étourdi le ramasse, l'essuie à sa serviette, pour enlever la poussière, et le passe à celui auquel il était destiné, tandis qu'il devait le garder pour soi ou le mettre de côté.

Pendant le repas, ou dans une compagnie, il se permet de lire une lettre, un journal, un livre, de parler bas à une personne, souvent, longtemps, et de faire des signes à une autre; ce sont autant d'impolitesses, qui annoncent un manque complet de tact et d'usage.

A la fin, s'il se rince la bouche, il fait un bruit et des grimaces qui soulèvent le cœur des dames. Puis il plie sa serviette ou il la pose sur la table, tout le premier, avec l'air d'un homme qui dit : Partons.

Une heure après le dîner, il aura encore son cure-dent à la main, et grimacera en parlant. S'il a des vapeurs dans l'estomac, il les exhalera devant vous et à votre nez. En vous parlant bas, il s'approchera jusqu'à vous faire respirer son haleine; vous serez obligé de vous reculer.

Il n'est pas inutile de vous faire remarquer ici que beaucoup de personnes, surtout le matin à jeun, ont l'haleine empestée, et que la plupart des hommes l'ont fort peu agréable; si vous n'êtes pas bien sûr de faire exception, tâchez de ne jamais vous approcher trop près, pour n'incommoder personne.

Quand un homme sans jugement fait lui-même une invitation, il réunit des caractères incompatibles; il leur donne rendez-vous une heure trop tôt, de peur qu'ils ne soient en retard ; et déjà la conversation est épuisée quand le dîner commence.

Il les place de la façon la plus désagréable ; en sorte que, dès le début, chacun aspire à la fin. Si, par malheur un domestique fait une gaucherie, renverse le potage sur la nappe ou laisse tomber une assiette, voilà le maître qui se fâche et qui gronde, et l'assistance qui s'attriste. La conversation, qui avait déjà beaucoup de peine à s'animer, devient plus froide encore. On n'ose se regarder. On ne sait que dire. Cependant les plus polis tentent un effort : l'un dit un mot, l'autre conte une anecdote, et tous espèrent que l'arrivée du premier service ne tardera pas à les tirer de cet embarras. Point du tout ; les plats se font attendre, et la conversation tombe définitivement. Les enfants se mettent à bâiller, les grandes personnes désespèrent, l'amphitryon s'impatente, frappe du pied ; c'est à n'y plus tenir.

Enfin les plats arrivent ; la vie renaît dans les cœurs et sur les visages. Le maître fait lui-même un effort ; il vante ses mets, pour influencer le jugement des convives ; puis il s'excuse du peu, afin qu'on le complimente. Le fait est que son dîner n'est pas mauvais. On y sert des plats rares, des mets apportés de fort loin, qui lui feraient honneur, s'il ne gâtait tout par ses réflexions : mais il déclare qu'ils lui ont coûté fort cher ; et ses yeux semblent vous dire : Mangez-en peu. Malgré cela, l'espoir d'en finir rend un peu de joie à la société ; on s'efforce de dissiper l'humeur noire du patron, en l'assurant que sa cuisine est excellente et que tout s'est très-bien passé. Le pauvre homme ne s'en réjouit qu'à moitié ; il fait des excuses pires que les fautes, mais on le laisse dire et on se lève enfin, pour aller respirer le grand air, dont chacun sent un extrême besoin. Il manquait à ce festin l'agrément, qui est presque tout.

Après le repas, on reste au salon, à converser, ou bien l'on se promène dans les jardins. Théodore est curieux, il regarde minutieusement les meubles, il les touche, il les sent, quelquefois il s'oublie jusqu'à les ouvrir. Il s'approche d'une table, sur laquelle sont des papiers ouverts, ou des lettres fermées ; il les regarde, il les remue. Si une personne lit quelque papier, il vient voir ce que c'est ; si un petit groupe se forme et parle bas, il s'approche doucement pour apprendre ce qu'on y dit ; et, s'il ne comprend pas, il demande de quoi il s'agit, pourquoi, comment. Ou bien, il s'attache à une personne, l'interroge sur son âge, ses habitudes, sa fortune, celle de ses parents. Si quelqu'un sort, il veut savoir où il va ; si quelqu'un entre, d'où il vient. Il se fait rendre compte de tout. Il ne voit pas qu'il est d'une indiscrétion révoltante.

Si l'on passe un objet curieux, il s'en empare, avant son rang, et le garde si longtemps que toute la compagnie s'impatiente ; il le rend enfin, en disant tout haut, devant les personnes à qui cet objet appartient : C'est peu de chose !

Si l'on se promène dans un jardin, il flaire et touche toutes les fleurs, il en cueille quelques-unes, sans y être invité deux fois, ni même une seule ; il les met à sa bouche ou à sa boutonnière. Il détache un fruit, casse une petite branche, et fait tout comme chez lui.

Il va voir des lieux qu'on ne veut pas lui montrer, et questionne sur des choses qu'il ne devrait pas même soupçonner. Vous croiriez qu'il exerce les fonctions d'inspecteur des domaines privés. Cependant il n'y met aucune malice, il ne suppose pas que cela puisse déplaire ; on ne l'invitera plus, il n'y comprendra rien.

Lui-même a pourtant des secrets ; il en a que tout le monde sait, et qu'il ne conte à personne ; il en a que personne ne doit savoir, et qu'il confie à tout le monde. Il sera très-mystérieux avec ses parents et ses amis, et il ouvrira son âme tout entière à un étranger, qui se moquera de lui. Son malheur est de parler souvent, quand il faudrait se taire, et de se taire quelquefois, quand il faudrait parler. C'est un défaut très-commun, sans doute, mais chez lui c'est sa nature même ; il ne sait rien faire à propos.

Cet autre, sans être curieux, est simplement complaisant et sot ; il tombe presque dans les mêmes indélicatesses. Il suit quelqu'un dans son appartement, pour lui éviter la peine d'apporter une chose ; il l'aide indiscrètement à la chercher dans ses meubles, il s'amuse à manier ses bijoux, à regarder ce qu'on n'aurait pas voulu qu'il vît ou soupçonnât.

S'il va chez un banquier, dont il est à peine connu,

il reste près de sa caisse, feuillette ses billets, parcourt négligemment ses comptes, et fait le tourment des personnes de la maison.

Ne suffit-il pas d'avoir quelque esprit, un peu de ce tact dont nous signalons l'absence, pour comprendre combien tout cela est impertinent?

S'il fait une visite, il choisit le temps qui l'accommode le mieux, par exemple, le matin; et il trouve les personnes en robe de chambre. Une autre fois, i arrive au moment qu'on va se mettre à table, ou bien au moment d'un départ, quand les chevaux sont à la voiture; et il reste une demi-heure, malgré les signes d'impatience que les domestiques ne peuvent s'empêcher de donner, et quoique les maîtres aient laissé tomber dix fois la conversation, pour marquer la fin de sa visite.

En arrivant, il a tiré la sonnette de manière à faire tressaillir tout le monde; en partant, il appelle son domestique à grands cris, et quand il est accouru, il le fait attendre, il continue à causer sur le seuil de la porte avec ceux qui l'ont reconduit; on ne sait comment se débarrasser de lui.

Oscar se prononce, au premier coup d'œil, sur les hommes et sur les choses, il porte un jugement précipité, qu'il ne cache point et qui blesse. S'il était moins prompt et plus discret, il ferait moins de bévues, s'épargnerait des humiliations, et n'offenserait pas les autres. Ajoutons qu'il est souvent malheureux, qu'il conçoit une mauvaise idée de la personne la plus vénérable, qu'il blâme dans un jardin précisément ce qui plaît le plus au maître, dans la maison une distribution dont la maîtresse est toute fière, dans une galerie de tableaux ce que tout le monde estime le plus, enfin partout ce que les personnes présentes goûtent davantage.

La conversation est surtout la pierre de touche du jugement. Un jeune homme qui en est doué parle peu en compagnie de grandes personnes. Il est si facile à cet âge d'être très-sot, même en se faisant écouter !

Qu'il s'applique à bien écouter ; c'est le parti le plus sûr. D'ailleurs, l'art d'écouter contribue plus à rendre aimable en compagnie que l'art de parler ; et souvent il suffit, pour être agréable, de savoir dire quelques mots, pourvu qu'on prête une attention flatteuse. Que d'hommes, en effet, même parmi ceux qui reprochent aux dames d'aimer à être écoutées, leur ressemblent en cela beaucoup plus qu'ils ne pensent !

Un étourdi, au contraire, croit toujours avoir besoin de parler, pour redresser ceux qu'il entend. Il leur coupe la parole, et les dément au besoin, en disant : *Ce n'est pas cela,* ou bien : *Ce n'est pas comme cela.* Puis il raconte les choses à sa manière. Ou bien il dit tout net : *Je ne le crois pas ; — Vous vous trompez ; — Vous ne me ferez jamais croire cela ; — C'est une histoire que vous inventez.* Cette façon de parler et d'agir est d'une malhonnêteté révoltante.

S'il sait l'histoire qu'on croit lui apprendre, il

6

laisse dire, parce qu'il a vu les hommes polis procéder ainsi; mais, quand elle est racontée, il vous désenchante, en disant qu'il la savait, et n'en est que plus impoli.

S'il veut raconter lui-même une anecdote plaisante, il commence par dire : *Vous allez bien rire*, et on ne rit pas; il n'a jamais observé que les hommes sont ainsi faits. Mais, pour lui, arrivé à la fin, il rit aux éclats, répète le trait plaisant, rit encore plus fort et rit tout seul.

Robert a le malheur, en outre, de trouver de l'esprit où les hommes qui en ont n'en voient pas. Souvent, au milieu d'une conversation peu intéressante, il s'exclame, éclate de rire, vous saisit par le bras, et rit devant vous de toutes ses forces, pour vous exciter à l'imiter, tandis que vous devinez à peine ce qui l'a mis dans une telle gaieté. On fait alors quelques grimaces, par complaisance, mais on trouve cela fort ennuyeux.

Il aime les histoires extraordinaires, incroyables, et les rapporte avec une conviction chaleureuse; il fait peur aux enfants, et se réjouit beaucoup d'arracher des exclamations aux dames. Il soutient avec assurance les choses les plus invraisemblables, et ne comprend pas que les autres en soient étonnés.

Quand il n'a plus d'anecdotes, il raconte ses rêves, et dans le plus petit détail; il suppose que c'est très-intéressant.

Dans ses récits, il insiste sur les circonstances inutiles, il remonte toutes les généalogies, il fait des digressions à perte de vue et s'égare... On le remet sur la voie, il s'égare encore ; le temps passe, on se lève, il promet de vous conter la chose plus au long, quand il aura le plaisir de vous voir.

Il se trompe étrangement sur le plaisir qu'il croit vous donner en vous ennuyant, et sur l'intérêt que ne vous inspirent pas ses histoires. Si vous êtes poli et que vous l'écoutiez, il ne se détrompera jamais ; cependant, soyez poli, mais ne l'imitez point.

Il blesse souvent par une indiscrète liberté, en disant des choses vraies, mais que certaines personnes présentes ne peuvent supporter. Il fait quelquefois des comparaisons et des suppositions odieuses, au milieu de ses histoires : *Ce scélérat était grand et fort, il avait à peu près la taille et la mine de M...,* en indiquant quelqu'un de la compagnie. Pour se faire mieux comprendre : *Je suppose que vous soyez un brigand, un libertin, et mademoiselle une folle...* Son histoire finie, il regarde fixement une dame : *Madame, vous ressemblez beaucoup à une femme très-célèbre de mon pays.* On lui demande quelle est cette femme ; il raconte ensuite ses crimes et ses scandales.

Une personne, qui a perdu sa fortune et qui en est inconsolable, vient le voir pour lui parler de ses affaires ; il en profite pour lui parler des siennes, lui raconter ses succès, lui vanter ses richesses et réveiller tous ses regrets.

Il va faire une visite de condoléance, et après quelques paroles assez tristes, il reprend sa gaieté, raconte des anecdotes et rit aux éclats, dans une maison où l'on n'a pas ri depuis deux semaines.

Ou bien, il visite un de ses amis infirme et très-péniblement affecté de l'inaction où sa maladie l'a réduit ; au lieu de le consoler, il lui raconte ses plaisirs, ses chasses, ses voyages, tout ce que l'autre regrette de ne pouvoir plus se procurer. Puis il revient au malade : *Il est bien fâcheux que vous ne puissiez venir avec nous... Et puis, s'il fallait vous couper la jambe, ce serait une triste affaire ! Je vous plains sérieusement. M... est mort d'une pareille opération. Mon pauvre ami, j'espère qu'on n'en viendra pas là...* il le quitte joyeusement, croyant l'avoir beaucoup amusé, quand il l'a presque mis au désespoir.

Le malade devient plus souffrant, la gangrène se met dans sa plaie, on cache à la victime la nature et les conséquences prochaines de son malheur ; c'est le seul moyen de soutenir son courage. L'étourdi lui fait une seconde visite, et lui dit : *Vous êtes plus mal ! on le voit bien : vous avez la figure toute décomposée. On dit que les médecins désespèrent de vous sauver ; mais, rassurez-vous, ils se trompent souvent.* Le fatal secret est révélé, et le malade n'aura plus de paix.

Il est aussi adroit dans les compliments qu'il fait : il a appris en secret un accident qui humilie un honnête homme et que tous ses amis s'efforcent de cacher ; il aborde cet homme, qu'il connaît à peine : *Monsieur, je suis bien désolé du malheur qui vous est arrivé.* Il le fait rougir et le couvre de confusion, peut-être devant tout une compagnie.

S'il fait une sottise, ou dit une injure par vivacité, il croit la réparer suffisamment, en disant : *J'y vais rondement, tant pis pour les gens susceptibles !* ou bien : *Je suis franc, je ne sais pas cacher ma pensée.* Il sait encore moins être spirituel et honnête.

Il dit des niaiseries, des âneries, et il les croit très-fines. Il regarde un palais : *Pensez-vous qu'il ait été fait ici ?* dit-il à un homme d'esprit. Il propose aux dames des énigmes comme celle-ci : Quelle différence y a-t-il entre un miroir et une dame ? Puis, après avoir beaucoup ri, il leur dit : *C'est qu'un miroir réfléchit sans parler, et qu'une dame parle sans réfléchir.*

Il est sentencieux, il sait toutes les maximes de l'école de Salerne, tous les proverbes populaires, et cite souvent du latin, surtout devant les dames, voire même un peu de grec, avec quelques mots anglais ou italiens ; et il le fait avec un ton doctoral qui lui est particulier. Par ce moyen, il coupe et fait tomber toutes les conversations. Mais chacun sait qu'il les relève à merveille et les soutient au delà de toutes les bornes. On n'y perd donc rien.

Il vous regarde si fixement et si longtemps, en parlant, qu'il vous force d'avoir toujours les yeux baissés.

Il se familiarise beaucoup trop facilement, même avec des personnes d'un autre sexe ; il les gêne, et se fait juger très-sévèrement.

Il tâte l'étoffe de vos habits et vous en demande le

prix; il veut voir votre montre et savoir où vous l'avez achetée; il vous accable de questions indiscrètes. En revanche, il vous offre ses services, dont vous n'avez pas besoin, et s'engage à venir vous voir souvent, ce qui vous déplaît fort. Faites attention à vos réponses, et ne vous avancez pas trop, car il prend à la lettre les formules de politesse; mieux vaut être froid à son égard.

S'il est devant un poëte, un savant, un auteur, il loue d'autres poëtes, d'autres savants, dont les principes leur sont opposés, sans dire un mot pour ceux qui sont présents, ou en leur disant maladroitement qu'il n'a pas connaissance de leurs œuvres.

Il fait l'éloge outré d'une vertu à une personne qui a le défaut contraire; ou bien il critique ce défaut devant elle, à outrance, jusqu'à la faire rougir.

Il donne des conseils à ses supérieurs ou à des inconnus, et leur offre sa protection.

S'il vous demande un service, il vous le commande : *Prêtez-moi votre cheval.* Dans sa pensée, cette formule est une prière. Si, au contraire, vous lui en demandez un qu'il ne puisse vous accorder, il vous répond de mauvaise humeur : *Cela me dérange, c'est impossible.* Vous êtes obligé de vous excuser de votre indiscrétion, tandis que c'était à lui d'accueillir votre demande avec la plus grande bienveillance et de vous exprimer un sincère regret de ne pouvoir vous être agréable. Un refus obligeant est quelquefois mieux reçu qu'un service accordé de mauvaise grâce.

Supposez qu'un homme sans tact ait de l'orgueil et de la méchanceté, il fera de l'esprit si maladroitement et lancera des pointes avec si peu de ménagement, qu'il deviendra le supplice de ses parents et de ses amis. S'il a des antipathies, il les montrera partout et à tous, même à ceux qui en sont l'objet. Il critiquera leurs défauts naturels, fera des bons mots sur les bossus et les borgnes, singera les boiteux ou les maniaques, et insultera tout le monde, sous toutes les formes. Il aimera à donner des sobriquets, pour perpétuer ses traits grossiers, et il rira de tout son cœur, quand il aura obtenu un triste succès. De là des querelles, des inimitiés et un mépris trop mérité. La place de cet être insociable serait aux Petites-Maisons, loin de la société policée.

Ce défaut se rencontre surtout chez les enfants et principalement chez les écoliers ; on appelle ceux-là taquins. Je vous engage, mes enfants, à ne mériter jamais cette triste qualification ; car vous déplairiez à Dieu et aux hommes. Je ne vous en citerai que deux exemples :

Alexandre aime à pincer ses voisins, sans se laisser voir ; à les faire tomber, quand ils courent ; à les pousser, quand ils se tiennent en repos ; à tirer leur mouchoir, lorsqu'ils se mouchent ; à fouiller dans leurs poches, pour en tirer quelque chose qui puisse faire rire à leurs dépens ou leur causer du déplaisir ; à cacher leurs affaires, pour les forcer de chercher ; enfin à les tourmenter, quelquefois jusqu'à les faire pleurer, pour le seul plaisir de s'amuser ; c'est une espièglerie grossière, qui devient cruelle et intolérable, ou qui, pour le moins, fatigue et impatiente.

Rien ne peut excuser des malices qui font de la peine aux autres : elles sont toujours coupables ; car la charité défend de contrister ses frères sans nécessité. Un enfant chrétien ne doit jamais se les permettre.

Le taquin s'attaque à tout le monde, même aux grandes personnes dont la bonté l'a trop enhardi. Il en abuse, car il se permet quelquefois de les tromper, de leur jouer des tours, comme de les chatouiller secrètement, de leur faire respirer de mauvaises odeurs, de leur jeter de la poudre ou des liqueurs acides dans les yeux ; à table, de mettre furtivement du poivre ou du sel dans leurs aliments, de l'eau dans leur vin, quelque chose d'un aspect dégoûtant sur leur assiette, et de faire maintes autres impertinences, que le plus vulgaire respect condamne partout et qu'il faut s'interdire absolument.

J'aurais beaucoup à dire des petites hardiesses que les enfants se permettent envers les grandes personnes ; mais, pour ne pas entrer dans des détails inutiles, je me bornerai à vous faire observer, en général, que des espiègleries, qu'on passe aux très-jeunes enfants, blesseraient dans un âge plus avancé, et que certaines libertés, tolérées par des parents ou des amis, seraient fort déplacées envers des étrangers et surtout des supérieurs. Un enfant qui a de l'esprit et de la modestie saura s'arrêter où il convient, et craindra plutôt d'aller au delà que de se tenir en deçà.

Henri était taquin comme Alexandre, quand il est entré dans une mauvaise pension, où ce défaut a pris des développements et des caractères vraiment effrayants. Aujourd'hui, non-seulement il taquine ses condisciples, ses surveillants, ses professeurs, mais il a perdu tout respect pour les autres et pour lui-même. Il ne connaît plus ni devoir, ni bienséance, ni frein quelconque. Au contraire, il aime le désordre, il se plaît à faire le mal, et il rit d'une joie satanique, quand il a joué quelque tour propre à le couvrir de honte.

Il conspire contre tout ce qui est bien ; son esprit est en révolte perpétuelle contre le règlement, et son plus grand plaisir est d'en violer quelque point, toutes les fois qu'il le peut impunément.

Il n'est pas de malice qu'il n'invente pour contrarier ses maîtres, pour les impatienter, pour leur causer de la peine, en échange de leurs soins. Il les tourne en ridicule, il leur donne des sobriquets ; il les critique en termes si injurieux, qu'il faut avoir entendu ce jargon collégien pour s'en faire une idée. Il cabale volontiers contre eux, accuse leurs intentions, calomnie leur dévoûment, et blasphème en les maudissant, quand ils le punissent. Pour lui, en un mot, ce ne sont pas des amis, mais des ennemis, dont il cherche à tirer vengeance par tous les moyens possibles.

Vous avez été élevés trop chrétiennement, mes chers amis, pour n'avoir pas horreur d'une telle malice et d'une telle ingratitude. Que promet pour l'avenir un enfant qui fait le mal pour le seul plaisir de le faire, comme les démons? S'il ne revient à de bons sentiments, il peut finir par la prison et l'échafaud.

La crainte seule le retient. Quand il peut échapper à la surveillance, il ne manque jamais d'en profiter pour faire quelque sottise et souvent des indélicatesses grossières. Il casse, il brise, il déchire, il dégrade, il vole, il se livre à toute sa malice. S'il peut pénétrer dans les caves ou les magasins, il y fait main basse sur ce qui se boit ou se mange, et y laisse toujours quelque trace insigne de son passage. Il s'en vante ensuite avec orgueil devant ses amis. Si ses maîtres le soupçonnent du méfait, il le nie avec rage et larmes; puis, s'il en échappe, il leur tourne aussitôt le dos, pour faire une grimace et se moquer de leur crédulité.

Il est menteur, jusqu'à faire de faux serments; il affirme le faux comme le vrai, avec une assurance et une opiniâtreté diaboliques. Aussi personne ne le croit plus, même lorsqu'il dit la vérité.

Je ne sais, enfin, s'il est un défaut qu'il n'ait par nature ou par système; car il se glorifie de ne le céder en quoi que ce soit à aucun polisson. Autant les enfants bien élevés sont flattés de l'estime et des éloges de leurs maîtres, autant il est fier des ricanements approbateurs de quelques mauvais sujets, ou de l'espèce d'effroi que son audace inspire aux plus sages. Il est impie, libertin, gourmand, paresseux, jaloux, orgueilleux, hypocrite, dissolu, méchant, calomniateur, et le reste; il se vante même de fautes qu'il n'a pas faites, afin de paraître plus effronté que les autres et d'être le héros du mauvais esprit.

Se présente-t-il une sottise à faire, il y est toujours disposé; il brigue le premier l'honneur de se compromettre. Voit-il quelques camarades prendre un air insolent, se coiffer ou s'habiller d'une manière inconvenante, adopter quelque mauvaise habitude, comme de fumer en secret, de proférer des jurons, de fronder l'autorité, il les imite aussitôt, avec d'autant plus d'empressement que la chose est plus condamnable. Car tout ce qui est prohibé a pour lui un attrait particulier.

Qui ne sait qu'en certaines maisons on a vu des élèves passer des heures entières dans les lieux d'aisances, pour y fumer un cigare ou y lire de mauvais livres? Le lieu, les personnes et les choses se convenaient bien, je l'avoue; mais quelle éducation!

Estimez-vous heureux, mes chers enfants, de ne point voir de pareils exemples et de vous sentir une véritable horreur pour ces vils procédés. Gardez-vous bien de laisser jamais pénétrer en vous des sentiments si détestables; mais suivez fidèlement les saintes lois de la conscience, de l'honneur, de la délicatesse et des bienséances chrétiennes.

Si vous rencontrez quelque part de ces jeunes gens pervers, défiez-vous d'eux comme de perfides serpents ou de leur père Satan, qui fut le premier rebelle, menteur et corrupteur. Ils lui ressemblent trop pour n'être pas dangereux; rien ne saurait donc leur mériter votre confiance et votre amitié, non plus que votre estime.

Alexis n'est ni taquin, ni gamin, mais il est farceur. Il aime passionnément à faire rire, et il sacrifie trop souvent les bienséances à cette vanité. Après avoir commencé par de simples espiègleries, assaisonnées de mots piquants et d'un ton légèrement comique, il est devenu bouffon, moqueur, mauvais plaisant, par un désir excessif de produire de l'effet.

Car il a remarqué que les gros mots et les grosses farces font plus rire les enfants et les sots, dont le nombre est toujours considérable, que les traits d'esprit et le fin comique, dont les vrais appréciateurs sont plus rares; et il est tombé dans le piége où Molière lui-même s'est laissé prendre : il a déplu aux gens d'esprit et de goût, en voulant plaire à ceux qui n'en ont pas ou qui en ont trop peu.

Ses plaisanteries sont souvent du plus mauvais genre, ses railleries sont quelquefois blessantes et ses bouffonneries grossières. Quand il n'a plus rien de spirituel à dire, il profère de vilains mots, des bêtises, des âneries, et il contrefait l'imbécile. Tout cela n'est point propre à lui faire honneur.

L'habitude qu'il en a contractée lui donne déjà une

tournure d'esprit et de corps passablement ridicule. Il ne parle plus qu'en pointes et en devinailles; la plupart du temps, on ne sait s'il plaisante ou s'il est fou. Son visage a pris une telle expression mimique qu'on ne saurait le regarder sans rire, et qu'il grimace malgré lui en disant les choses les plus sérieuses ou les plus tristes; son attitude et ses gestes ont je ne sais quoi de grotesque, qui amuse les enfants, mais qui fait pitié aux personnes graves. S'il n'y prend garde, il se fera mépriser et se perdra.

Ses maîtres et ses parents en sont affligés et l'en avertissent inutilement. Un stupide orgueil lui fait croire à tort qu'en attirant l'attention, il acquerra de la considération. Puisse-t-il se détromper bientôt !

Maxime n'est pas méchant, ni farceur, mais il est lourd et maussade; son esprit et son corps paraissent de même étoffe. Il ébranle les planchers sur lesquels il marche, en s'appuyant trop sur les talons, et il ferme les portes avec fracas; chacun le reconnaît au bruit qu'il fait. Il heurte maladroitement ceux qui passent à côté de lui; il parle haut, souvent à tue-tête; il rit toujours aux éclats, il ne sait faire autrement; il crache partout, il éternue horriblement; il bâille en gémissant. Pour se désennuyer en compagnie, il chante tout seul, il siffle, il déclame, il frappe sur les meubles, il bat la caisse sur les épaules d'un ami assis devant lui; et, pour toute excuse, il dit qu'il est sans gêne. Je dis qu'il est sans éducation, impertinent et grossier.

Quand il tousse, ou qu'il bâille, ou qu'il éternue, il

ne songe pas à mettre sa main devant sa bouche, comme on doit toujours le faire, pour cacher légèrement sa figure et pour ne pas cracher involontairement sur les personnes, sur les tables ou sur les objets qui sont devant soi. C'est trop lui demander.

Il va jusqu'à manier ses souliers en compagnie, relever son pantalon, accommoder ses bas, brosser ses habits et faire sa toilette, à peu près comme s'il était seul ou dans sa chambre à coucher, puis il met la main dans ses cheveux, les doigts dans son nez, dans ses oreilles, dans sa bouche, et se touche ensuite le visage sans plus de précaution que s'il venait de se laver les mains dans une claire fontaine. Chacun le regarde, et s'étonne qu'il s'oublie à ce point, devant des personnes respectables. Mais lui, il voit à peine qu'il se déshonore et fait rougir ceux qui l'ont élevé.

Bernard est un jeune homme bizarre, qui ne se ressemble jamais deux heures de suite. Vous lui faites une visite le matin : il est froid, silencieux, morne, il ne sait pas dire un mot; une préoccupation inconnue l'absorbe complétement. Demandez-lui ce qu'il a, il n'en sait rien; il ne sait pas même, qu'il est ainsi. Visitez-le le soir, vous le trouverez ouvert, gai, babillard, fou; c'est un autre homme. Qu'est-il survenu ? Rien. Pourquoi ce changement ? La terre a fait un quart de sa révolution quotidienne, et la lune a changé de place.

Il a l'esprit de contradiction. Lorsqu'il est avec des personnes infirmes, il voudrait se promener; lorsqu'il est avec des jeunes gens qui désireraient marcher, il veut s'asseoir et converser. Si l'on parle de choses gaies, il est triste, il veut qu'on se conforme à son humeur; si l'on parle de choses tristes, il a besoin de rire; si l'on a des choses graves à traiter, il se sent tourmenté du besoin de plaisanter, et vous savez avec quelle grâce et quelle finesse il s'en acquitte ! Quel maladroit !

Il n'écoute la conversation que pour y trouver à redire. Dans toute question débattue, il prend invariablement le parti opposé à celui qui parle. Il se trouve souvent entraîné à dire le contraire de ce qu'il a dit la veille; si on le lui rappelle, il soutient que ce n'est pas vrai, et le prouve longuement. Pour l'en faire convenir, il aurait peut-être fallu dire qu'il ne s'est point contredit. Ne dites pas, en sa présence, du bien d'une personne qu'il connaît, car il en dira du mal, en vous coupant la parole : *Oui, mais...* N'allez pas vous récrier, ce serait l'exciter à insister davantage. Cependant, ne médisez pas pour lui faire réparer sa faute, changez plutôt de conversation. Mes chers enfants, évitez la compagnie de ce bizarre personnage, de peur de vous impatienter, de disputer, et de finir par lui ressembler.

La matière n'est pas épuisée, mes chers amis, et les défauts de tact, de convenance, de politesse, sont innombrables. Mais il me serait impossible et il vous serait d'ailleurs fort inutile d'en faire un examen complet. J'ai cru qu'il était bon d'éveiller votre attention sur les points les plus importants; je l'ai fait, je vous laisse maintenant le soin de poursuivre l'œuvre. Il est temps d'en venir à un enseignement positif des règles reçues dans la bonne société, lesquelles constituent le *savoir-vivre*.

# DEUXIÈME PARTIE

---

## CE QU'IL FAUT PRATIQUER

Dans la première partie, nous avons critiqué les défauts les plus communs; il nous reste à établir, dans cette seconde, les règles qui constituent la bonne éducation. Ce n'est pas que nous ayons l'intention d'en bannir absolument la critique; car elle est souvent plus propre que l'enseignement direct à rendre saisissante la vérité d'un principe, surtout pour les jeunes gens, à qui les conseils plaisent toujours moins qu'une causerie satirique. Cependant, elle ne dominera plus; il nous faudra entrer dans des considérations et des détails qui demandent un autre langage. Dois-je craindre que vous en profitiez moins? Non, mes chers enfants, je connais trop ce qu'il y a de bon et de sérieux dans vos âmes, pour ne pas espérer que vous me prêterez la même attention. Il m'arrivera souvent de vous réitérer, sous différents aspects, des conseils insinués dans la première partie ; ne le regrettez pas, mais croyez plutôt que vous ne les aurez jamais trop parfaitement compris, ni trop fortement gravés dans votre mémoire.

# DIEU

Le premier de nos devoirs est d'adorer et d'aimer Dieu; comment la première de toutes les inconvenances ne serait-elle pas de lui refuser ce respect et cet amour? En dépit de la prétendue tolérance du siècle, le titre d'impie demeure une flétrissure.

On dit que Newton et Clarke ne prononçaient jamais le nom de Dieu sans se découvrir, ou sans donner quelque signe de respect. Ces grands hommes prouvaient en cela leur esprit et leur foi. Il est pareillement d'usage, dans les assemblées chrétiennes, qu'on fasse une légère inclination au nom sacré de Jésus; on s'honore en y étant fidèle.

Saluez les croix et les images de la sainte Vierge, partout où vous les rencontrerez.

Si une procession vient à passer, découvrez-vous devant la croix, et ne remettez votre chapeau qu'après le défilé; si c'est un prêtre qui porte le saint viatique à un malade, prosternez-vous devant le Dieu du ciel et de la terre : l'histoire nous montre les empereurs et les rois catholiques descendant alors de voiture et courbant les genoux dans la poussière. Imitez-les.

Ne rougissez jamais de paraître chrétiens. Jésus-Christ vous renierait pour ses enfants; vous vous déshonoreriez aux yeux des hommes sages, et vous vous aviliriez dans votre propre conscience; car c'est toujours une indigne lâcheté que de rougir d'un noble sentiment et de manquer à son devoir, pour obtenir l'estime des esprits faux ou des cœurs corrompus. D'ailleurs, quoi qu'on en dise, on n'estime pas plus aujourd'hui qu'autrefois les hommes sans principes et sans caractère.

Vous me permettrez de vous citer, de temps en temps, des maximes fort connues, dont la poésie n'est pas très-riche, mais dont le sens est plein de sagesse :

> A la religion soyez toujours fidèle;
> On ne sera jamais honnête homme sans elle.

Observez ostensiblement les lois de Dieu et de l'Église, et craignez moins d'en faire parade que de vous en cacher, quoique l'un et l'autre soient condamnables. Il est aujourd'hui de bon ton, dans le monde, de respecter dans chaque homme ses croyances personnelles, jusqu'à sembler voir d'un œil indifférent toutes les religions. Les gens bien élevés, fussent-ils impies, ne vous blâmeront donc jamais en face. Mais s'il se trouvait là quelque vieux voltairien ou quelque jeune impertinent, qui osât se permettre une réflexion, lancez-lui un regard sévère, ou répondez-lui par un sourire de pitié, je ne dis pas de dédain, mais de commisération. S'il avait l'insolence d'ajouter un mot, rappelez-lui froidement les convenances, et toute la compagnie lui imposera silence de la parole ou du regard. Si elle ne le fait pas, n'y retournez jamais : c'est une mauvaise compagnie.

Soyez partout fier de votre titre de catholique; car c'est le plus beau du monde, de l'aveu de tous, et c'est toujours pour un jeune homme la plus noble et la plus estimée des recommandations auprès des gens de bien. N'en doutez nullement. Mais ne soyez pas agresseur à cause de cela; respectez les convictions des autres, ou du moins sachez dissimuler un jugement juste et sévère. La politesse vous en fait un devoir. Si l'on est moins réservé que vous, si l'on attaque devant vous la religion que vous professez, donnez encore l'exemple de la modération, bornez-vous à une réclamation très-digne. Répondez un mot grave, qui mette le plaisant dans la nécessité de se taire lui-même ou d'être malhonnête, et détournez la conversation.

Surtout ne disputez pas, sortez plutôt; vous n'y gagneriez rien, et vous pourriez y avoir bientôt des torts, si vous êtes vif ou si vous n'êtes pas théologien. Car, dans ces discussions, jamais personne ne s'est converti, tandis que, la plupart du temps, on s'y échauffe beaucoup et l'on se dit des choses désagréables. D'ailleurs, s'il est incontestable que les plus habiles laïques peuvent être embarrassés et voir la bonne cause souffrir de leur embarras, un jeune homme ne doit-il pas se défier de son ardeur et de sa petite science? Mieux vaut donc qu'il se taise.

Si l'on y revient et qu'on prenne le ton du persi-
flage, et si vous possédez l'art très-rare des à-propos,
flagellez par un mot incisif votre impertinent agresseur, et laissez-le ensuite se débattre sous le trait sans
rien ajouter. Si vous n'êtes pas sûr de réussir d'un
seul coup, prenez un air sévère et blessé, et demandez
le respect de vos convictions. On se taira.

Si vous êtes chez vous et maître de la maison,
sachez-y commander, et ne permettez rien d'inconvenant.

Dans votre particulier, sur les matières de la religion, je vous conseille d'être de très-humbles catholiques et de ne jamais faire à cet égard le bel esprit;
ce sera du bon esprit, et celui-là est de beaucoup pré-
férable.

Acceptez simplement toutes les doctrines du Saint-
Siége, centre de la catholicité, et ne méritez jamais
la flétrissure d'une dénomination particulière. Aimez
l'Église romaine comme votre mère, et vénérez le
Souverain Pontife, comme le Vicaire de Jésus-Christ :
là est la voie, la vérité et la vie. Plutôt mourir que de
s'en séparer !

La simplicité, la franchise, la loyauté, dans ce
qu'elle a de plus noble, jointe à une foi pure et iné-
branlable, à une piété douce et fervente, à un amour
élevé de tout ce qui est bien, voilà les traits qui doivent distinguer un catholique bien élevé.

> Que votre piété soit sincère et solide,
> Et qu'à tous vos discours la vérité préside.

7.

Fuyez toute espèce d'affectation, de manie, de bizarrerie; la religion n'est point cela. Ces travers d'esprit font du tort à sa cause, devant un monde injuste et irréfléchi. Si vous ne savez pas édifier, sachez du moins ne pas scandaliser. Or, vous reconnaîtrez que ce défaut est en vous, à quelque degré, si vous vous apercevez qu'on rie plus de vous que des autres; alors, priez un ami éclairé de vous dire franchement ce qu'il en est.

Gardez-vous, de votre côté, de déclarer une petite guerre à la dévotion; c'est une mauvaise manière de faire briller son esprit. Les hommes vraiment pieux et polis s'en abstiennent. S'ils croient, en certains cas, qu'il y ait matière à la correction fraternelle, ils ne la font pas en public, mais en particulier, et avec une bonté qui la rend utile.

> Ne plaisantez jamais ni de Dieu ni des saints;
> Laissez ce vif plaisir aux jeunes libertins.

Ne citez pas l'Écriture sainte en plaisantant, à propos de choses profanes; souvenez-vous que c'est la parole de Dieu, et que vous ne sauriez trop la respecter.

Ne critiquez jamais les ministres de votre religion; leur personne est sacrée. D'ailleurs, vous ne pouvez les déprécier sans faire tort à la religion même; vos médisances et vos insinuations calomnieuses auraient donc un caractère de sacrilége et d'impiété, qui doublerait votre faute. Défendez plutôt leur réputation. Le premier des empereurs chrétiens, Constantin le

Grand, disait : « Si je trouvais un évêque ou un prêtre dans un état scandaleux, je le couvrirais de mon manteau royal. »

Ne dites jamais rien devant eux qui puisse gêner leur conscience ou leur délicatesse. La malice de certains hommes du monde, en ce point, est d'une grossière impolitesse. On est à peu près convenu, en France, d'avoir pour les ecclésiastiques les mêmes égards que pour les dames.

Un enfant chrétien doit toujours saluer un prêtre, même inconnu, s'il passe près de lui ou à portée d'être remarqué.

Parlez avec réserve des prédicateurs, prenez garde que d'imprudentes critiques sur les phrases et les gestes n'étouffent dans les cœurs la semence de la parole divine.

Laissez ce soin au démon, qui ne manque jamais d'amuser et de distraire par les accidents de la forme les esprits légers et superficiels. On ne doit pas aller au sermon pour le plaisir d'y entendre de belles paroles, mais pour y apprendre à détester le péché et à aimer Dieu. Ceux qui font le contraire ressemblent à des convives qui passeraient tout le temps d'un repas à en admirer l'ordonnance. On doit avoir honte d'un pareil travers d'esprit, et comprendre que, dans un chrétien, c'est pour le moins très-inconvenant.

Ne parlez jamais de ce qui s'est passé au tribunal sacré de la pénitence. Votre confesseur est lié par un secret inviolable; il serait cruel et vil d'en abuser contre lui; et, lors même que vous n'auriez pas cette intention, il est presque toujours imprudent et malséant de ne pas s'astreindre soi-même au secret.

Lorsque vous allez à l'église, si vous voulez d'abord vous recueillir et avoir un extérieur convenable, vous n'avez qu'une seule chose à observer : en mettant le pied sur le seuil de la porte, rappelez-vous qu'en face et à quelques pas de vous, dans le tabernacle, comme sur un trône environné d'anges invisibles, le Dieu tout-puissant, par qui tout vit et tout respire, attend vos hommages et sonde déjà, de son regard pénétrant, les pensées les plus secrètes de vos âmes; la foi qui vous distingue vous dira suffisamment la tenue qu'il faut avoir; et, quelle que soit votre modestie extérieure, elle sera toujours surpassée par le respect intime et profond qui dominera toutes vos facultés morales.

Lorsque vous devez aller aux offices, faites une toilette convenable. Fussiez-vous peu riche, n'imitez pas l'indécente négligence de beaucoup de gens sans éducation, qui s'y rendent en habits de portefaix ou de ménagère, quoiqu'ils en aient de très-propres chez eux. N'ai-je pas vu, dans les villes, des femmes en camisole, qui n'avaient pas daigné faire leur toilette avant midi, et, à la campagne, des hommes revêtus de blouses qui sentaient l'écurie? Il est permis d'être pauvre, et il est honorable de ne pas en rougir; mais il est honteux de ne pas faire au moins pour Dieu ce qu'on fait pour le monde.

Soyez plus diligent que si vous alliez au rendez-vous le plus désiré, et faites en sorte d'arriver avant que les cérémonies soient commencées, afin de ne déranger personne en vous rendant à votre place.

Si vous accompagnez des dames, des vieillards, ou d'autres personnes à qui vous devez le respect, débarrassez-les des objets qu'elles ont entre les mains; ayez soin d'ouvrir, de tenir et de fermer les portes, puis hâtez-vous, pour présenter de l'eau bénite, après avoir quitté votre gant; ôtez les chaises qui embarrassent le passage, priez les personnes qui l'obstruent de s'écarter, mais ne faites pas un fracas à distraire tout le monde; cela ne se pardonne qu'au suisse qui conduit le chapitre. Suivez les mêmes règles en sortant.

Il est d'usage qu'on offre de l'eau bénite aux personnes respectables qu'on rencontre près du bénitier, même sans les connaître.

Les personnes bien élevées ne portent à l'église que des objets de stricte nécessité, jamais de paquets ni de paniers. Y mener des chiens serait d'une grossièreté scandaleuse et presqu'une impiété.

Vous pouvez saluer modestement, silencieusement les personnes de votre connaissance devant lesquelles vous passez; mais ne vous arrêtez pas à leur parler, et n'oubliez pas un instant que vous êtes dans la présence du Dieu trois fois saint, devant qui les anges se voilent le visage de leurs ailes, dans les saints tremblements du respect et de l'amour.

Arrivé à votre place, mettez-vous à genoux pendant quelques minutes, puis prenez la posture de tous ceux qui vous environnent, et gardez-vous de vous faire remarquer; ou, du moins, si l'on vous distingue, que ce soit à la modestie et à la simplicité de votre maintien, au recueillement et à la gravité de tout votre extérieur, sans que les plus méchants puissent vous accuser d'affectation.

Si vous arrivez trop tard, et que vous ne puissiez parvenir à votre place sans déranger beaucoup de personnes, il convient que vous restiez en arrière et que vous demeuriez inaperçu; c'est de stricte bienséance. Quand le prédicateur est en chaire, ou quand le prêtre à l'autel en est aux moments les plus saints des redoutables mystères, gardez-vous alors de faire le moindre bruit.

Si vous avez deux chaises et qu'il survienne des personnes qui en manquent, cédez-en une, sans attendre qu'on vous la demande. Un homme doit céder même la seule qui lui reste à une dame qui n'en trouve pas, et se tenir debout; la dame oppose une légère résistance, puis accepte ordinairement.

Il est d'usage que, pour aller à la communion, les dames mêmes déposent leurs gants, leurs livres, etc., et les militaires leurs armes.

Les militaires ne se découvrent pas à l'église, quand ils sont en corps; mais, au moment de l'élévation, ils portent la main renversée au shako, comme en saluant leurs supérieurs.

Ayez toujours de la petite monnaie, pour payer votre place sans bruit et sans dérangement ; saluez les quêteuses, soit que vous donniez, soit que vous ne donniez pas.

Lorsque vous visitez une église, que ce ne soit jamais pendant les offices, pour ne pas distraire les assistants. Que votre tenue soit toujours parfaite, lors même que le saint sacrement n'y serait pas. Parlez-y bas, riez-y peu, et éloignez-vous des personnes que vous y voyez prier.

Si vous devez visiter un temple non catholique, évitez de le faire durant les cérémonies du culte ; car la politesse vous obligerait d'y suivre les mouvements de l'assistance, et votre foi pourrait y être compromise. Mais, à quelque moment que vous y alliez, ayez-y un maintien décent et respectueux.

Après ces visites, payez généreusement, et sans aucune observation, les guides qui vous ont conduit. La parcimonie, en pareil cas, est du plus mauvais ton, et toute discussion serait de la grossièreté. Quand on ne veut pas ou qu'on ne peut pas faire ce qui convient, il convient de réprimer sa curiosité et de ne demander de service à personne.

Permettez-moi de terminer ce chapitre, en vous signalant une des plus graves inconvenances qui blessent aussi le sens religieux.

Il y a, surtout dans les classes riches de la société, des personnes qui portent le nom de chrétiennes, et qui ne se refusent aucun des plaisirs du monde. Elles adorent Jésus-Christ, c'est vrai ; et elles vont à toutes les fêtes du démon, c'est encore plus certain. A la messe le matin, au bal le soir ; au sermon à trois heures, au spectacle toute la nuit ; voilà leur vie! Mais Dieu n'a-t-il pas maudit ceux qui font blasphémer son saint nom ? Le monde, ce monde que Notre-Seigneur a frappé d'anathème, ce monde qui est l'ennemi de Dieu, qui est tout entier péché et concupiscence, qui est à l'Évangile ce que les ténèbres sont à la lumière ; ce monde lui-même ne flétrit-il pas les parjures? Eh bien! si les promesses de leur baptême ont un sens, ces chrétiens sont des parjures. Quoi que l'on dise, quelque commentaire que l'on fasse de l'Évangile, il y a une haute indécence à ce mélange sacrilége, et quand Jésus-Christ, armé de sa croix et accompagné de ses saints, viendra juger les cœurs droits et les hypocrites, je doute qu'il rétracte ses menaces, et qu'il accepte les excuses de l'orgueil et de la volupté.

On m'accusera d'ignorer qu'il existe des nécessités auxquelles on ne peut se soustraire. Je réponds qu'avant tout il faut être chrétien, et que si nos pères dans la foi avaient raisonné avec cette mollesse, devant les fêtes païennes et les échafauds, nous serions encore dans les ténèbres de la barbarie. Des nécessités? Si vous espérez nous tromper, cachez donc au moins la joie honteuse qu'elles vous causent. Mais ne mentez point; nous les connaissons. Il n'en existe pas plus aujourd'hui qu'autrefois. Des nécessités!

Auriez-vous la hardiesse de soutenir que vous n'abusez pas de l'exception pour détruire la règle? Des nécessités! Il y en a de rares ; mais elles sont rares, quand on souhaite qu'elles le soient; vous le savez bien.

Saint François de Sales, le plus doux peut-être et le plus gai des moralistes, admet ces rares exceptions, et voici le contre-poison qu'il administre, au retour des fêtes que l'Église range parmi les pompes de Satan : Vous vous retirerez à l'écart, dit-il, dans la langue de l'époque, pour faire, devant Dieu, les considérations suivantes :

« 1° A mesme temps que vous estiez au bal, plusieurs âmes brusloient au feu d'enfer, pour les péchez commis à la danse ou à cause de la danse.

« 2° Plusieurs religieux et gens de dévotion estoient à mesme heure devant Dieu, chantoient ses louanges et contemploient sa beauté. O que leur temps a esté bien plus heureusement employé que le vostre! etc.

« 3° Tandis que vous avez dansé, plusieurs âmes sont décédées en grande angoisse, mille milliers d'hommes et femmes ont souffert de grands travaux en leurs licts, dans les hôpitaux et ès rues, la goutte, la gravelle, la fièvre ardente. Hélas! ils n'ont eu nul repos; aurez-vous point de compassion d'eux? Et pensez-vous point qu'un jour vous gémirez comme eux, tandis que d'autres danseront comme vous avez faict?

« 4° Nostre Seigneur, nostre Dame, les anges et

les saints vous ont veu au bal : ah ! que vous leur avez faict grand pitié, voyant vostre cœur amusé à une si grande niaiserie, et attentif à cette fadaise !

« 5° Hélas ! tandis que vous étiez là, le temps s'est passé, la mort s'est approchée ; voyez qu'elle se mocque de vous, et qu'elle vous appelle à sa danse, en laquelle les gémissements de vos proches serviront de violon, et où vous ne ferez qu'un seul passage de la vie à la mort ; cette danse est le vray passe-temps des mortels, puisqu'on y passe, en un moment, du temps à l'éternité ou des biens ou des peines. Je vous remarque ces petites considérations, mais Dieu vous en suggérera bien d'autres à mesme effet, si vous avez sa crainte. »

*(Introd. à la vie dév., ch. XXXIII.)*

# SUPÉRIEURS

Je m'abstiendrai de vous parler ici, mes enfants, de vos pères et de vos mères, quoiqu'ils soient en premier lieu pour vous la vivante image de Dieu, parce que nous commencerons par eux le chapitre suivant.

Mais il est d'autres supérieurs, que Dieu a établis les dépositaires de son autorité, dans l'ordre ecclésiastique et dans l'ordre civil, et à qui vous devez respect et obéissance ; il convient de leur consacrer ce chapitre.

En fondant son Église, la plus sainte et la plus grande des sociétés que la terre ait jamais vues, Notre-Seigneur Jésus-Christ a établi un Pontife suprême et des évêques, avec tout une hiérarchie, pour la gouverner et la diriger, et pour perpétuer ici-bas les merveilles de son amour; et il leur a dit : *Allez, enseignez toutes les nations* (*Matth.*, *XXVIII*, 19); *qui vous reçoit, me reçoit* (*ib.* *X*, 40); *qui vous écoute, m'écoute ; qui vous méprise, me méprise et méprise celui qui m'a envoyé* (*Luc*, *X*, 16). Être chrétien, c'est croire tout cela ; or, croire tout cela et en parler comme un païen, n'est-ce pas se contredire et manquer à la plus sainte des bienséances?

De tout temps il y a eu sur la terre un pouvoir

civil, ayant pour mission de maintenir l'ordre dans la société; ici sous une forme, là sous une autre, il a existé partout. *Or tout pouvoir vient de Dieu,* dit saint Paul, *et celui qui lui résiste, résiste à l'ordre de Dieu (Rom., XIII, 1 et 2).* La foi s'unit donc au bon sens pour nous imposer l'obligation de respecter l'autorité. Mais aujourd'hui, en France, ne dirait-on pas qu'il en est tout autrement? La manie de critiquer tous les actes du pouvoir a fait perdre jusqu'au respect des lois : beaucoup de personnes ne se doutent pas même qu'il y ait une obligation de conscience à observer une loi civile, surtout en secret. Quant aux rois et aux gouverneurs, ce sont évidemment des hommes mis hors la loi divine, dont on peut innocemment médire tout à l'aise ; on ne se fait pas scrupule de répandre sur leur conduite et sur leurs intentions les calomnies les plus graves. Eh! pourquoi donc cette singulière exception contre eux? parce qu'ils sont les lieutenants de Dieu sur la terre? parce qu'ils maintiennent l'ordre dans la société et protégent les intérêts de tous? parce qu'ils ont besoin, plus que personne, de l'ascendant de la vertu et de la majesté du pouvoir? Une si étrange déraison ne peut que déshonorer celui qui s'en rend coupable ; il y a là une haute inconvenance, dont un catholique ne peut accepter l'outrage.

Laissez donc, mes chers enfants, aux jeunes docteurs des cafés, la prétentieuse et stupide manie de s'ériger en juges de leurs gouvernants. L'indécente arrogance avec laquelle ils décident sans appel des questions qu'ils sont incapables de juger, et surtout leur ridicule système d'opposition à tort et à travers, qu'ils croient être l'enseigne du génie, sont, de tous les moyens de se rendre méprisables et de choquer les hommes d'esprit, le plus prompt et le plus sûr.

Soyez pleins d'horreur pour ces systèmes subversifs de l'ordre et de la religion, qu'on a prônés de nos jours; ne vous laissez pas séduire par des mots et par de folles espérances. « Mépriser la religion, dit un écrivain qui n'est pas suspect, et aimer dignement la patrie, sont deux choses incompatibles. Si un homme vilipende les autels, la décence, la probité, et crie : Patrie! patrie! ne le croyez pas. C'est un hypocrite de patriotisme, c'est un mauvais citoyen. Il n'y a de bon patriote que l'homme vertueux, l'homme qui comprend et aime tous ses devoirs, et qui s'efforce de les pratiquer.

« Il sait qu'il existe des abus dans toutes les sociétés, il désire les voir disparaître, mais il a horreur de ces furieux qui voudraient les réformer par des spoliations et de sanglantes vengeances; car de tous les abus, ce sont là les plus terribles et les plus funestes. » (Silvio Pellico, *Des devoirs des hommes.*)

Je vous conseille, mes chers amis, de ne point vous occuper de politique, avant trente ans; assez et trop d'autres le feront, sans vous. Ne disputez donc jamais sur ce point, laissez à chacun son opinion; ne condamnez que ce qui est immoral ou impie.

La modestie sied excellemment à votre âge; et dans un âge plus avancé, elle vous épargnera encore bien des écarts, qui vous entraîneraient hors de la voie du bon sens.

Dans cette maison, où la divine Providence vous a conduits, pour vous y procurer une éducation solidement chrétienne, une discipline forte vous a imprimé, dès votre entrée, la crainte de l'autorité; ensuite votre religion et l'amour de vos maîtres n'ont pas tardé à vous la rendre respectable et douce. Vous ne tomberez donc jamais dans ce mauvais ton, qu'on appelle *écolier* ou *collégien,* et qu'on flétrit justement du nom de *gamin.*

Pour vous, vos maîtres sont des pères et des amis, les dépositaires de l'autorité paternelle, les directeurs de vos âmes, les instituteurs de votre jeunesse; vous devez donc avoir à leur égard des cœurs d'enfant.

Vous comprenez l'importance de l'éducation, qui vous forme, qui vous fait ce que vous serez, et qui contribuera, plus que les soins mêmes de vos parents, à votre bonheur en ce monde et en l'autre. Dès lors, vous sentez la nécessité d'une docilité complète d'esprit et de cœur, pour vous laisser façonner, développer, élever sans obstacle; vous jouissez de la paix et de la joie que l'on goûte en ne résistant pas plus à la volonté et à la tendresse de ses maîtres qu'à celles de Dieu, dont ils continuent l'œuvre créatrice en vous.

Non-seulement ces puissants motifs, qui ont fait de vous jusqu'à ce jour leur consolation, vous garderont des insolences, des grossièretés, des haines, des rancunes, des vengeances, et de toutes les ignominies dont les annales de certaines maisons sont tristement souillées; mais ils n'auront pas même à punir ces accès de colère, ces irrévérences et ces bouderies, qui sont les effets trop ordinaires d'un caractère emporté, étourdi et susceptible; car, s'il vous arrivait de vous oublier un instant et de commettre ces moindres fautes, vous les auriez noblement et hautement réparées, avant qu'on eût eu le temps de s'en plaindre.

Ne taxez pas de rigueur cette règle de toute bonne maison d'éducation, qui punit de la dernière peine tout manque de respect grave envers un maître, fût-il le dernier dans l'ordre hiérarchique, si cette faute n'est immédiatement suivie de la réparation la plus spontanée et la plus éclatante. Elle est aussi juste que nécessaire. Car, à son défaut, l'inspiration d'un cœur droit et le sentiment des convenances devraient vous déterminer de vous-mêmes à ces légitimes excuses.

Vous verrez encore en vos maîtres les ministres de Dieu, vous ne passerez point devant eux, ni ne les aborderez, sans vous découvrir et les saluer; vous leur parlerez avec modestie, et recevrez humblement tous leurs avis; vous observerez à leur égard, plus exactement qu'envers aucune autre personne, toutes les règles de politesse que nous vous indiquerons successivement.

S'il arrivait qu'un de vos maîtres, induit en erreur, vous adressât une réprimande non méritée, souvenez-vous toujours qu'il est votre supérieur : et plus vous aurez été fortement blessés, plus il importe que vous gardiez le silence sur le coup. Vous trouverez bientôt un moment opportun pour lui exposer, avec calme et avec respect, la vérité des faits, et justice vous sera rendue. En parlant dans la colère, vous auriez manqué inévitablement au respect qui lui est dû, et votre cause eût été perdue. Pour avoir attendu l'heure de la raison et le conseil de la sagesse, vous aurez conquis l'estime et peut-être excité l'admiration de tous ceux qui en auront été témoins.

Ce conseil nous est donné par l'Esprit divin, puissiez-vous le garder toute votre vie ! il vous épargnera bien des regrets.

Loin de jamais rien faire pour les contrister, vous vous ferez un devoir de leur être agréables et de leur marquer, par votre obligeance et votre docilité, la reconnaissance inappréciable que vous leur devez. Car, souvenez-vous-en bien, mes enfants, la reconnaissance est une obligation sacrée ; elle pèse souvent aux âmes viles, mais elle vit impérissable dans un noble cœur. C'est s'honorer soi-même que de l'exprimer, en toute rencontre, à ses maîtres et à tous ceux en général qui l'ont méritée.

Combien n'est donc pas vile et méprisable la conduite de ces écoliers sans cœur, dont le plus grand plaisir est de contrister leurs maîtres, et qui, étant sortis de la maison où ils ont été élevés, ne savent que dire du mal de tout ce qu'ils y ont vu, même des personnes !

Quelle ingratitude et quelle étrange sottise ! Ne parlent-ils pas contre eux-mêmes, en méprisant l'éducation qu'ils ont reçue, et en décriant avec fureur le moule qui les a pour ainsi dire formés? A défaut de cœur, s'ils avaient un peu de bon sens, ne comprendraient-ils pas qu'ils devraient pour le moins se taire ?

On ne craint rien de semblable de vous, mes chers enfants, parce que vous aimez tous vos supérieurs comme ils vous aiment eux-mêmes, et vous savez parfaitement que le dévouement le plus pur les attache seul à vous.

Ils espèrent que, quand vous quitterez cette maison, vous serez fiers d'y avoir été élevés, comme ils le seront de vous avoir formés. Ils veulent demeurer vos amis ; car, entre des pères et des enfants, les liens qui ont été une fois établis sur l'estime et sur l'amour ne doivent jamais se briser.

# FAMILLE

Que vous dirai-je, mes chers enfants, du respect que vous devez à ceux qui vous ont donné le jour? « Parmi tous les respects de la terre, je n'en sais pas de plus sacré. C'est un respect d'honneur, c'est un respect d'amour, c'est un respect presque divin... Y a-t-il quelque chose sur la terre qui commande plus religieusement le respect que les cheveux blancs d'un père, que la vieillesse d'une mère? Y a-t-il quelque chose sur la terre qui inspire des émotions plus profondes, une douleur plus religieuse, que les infortunes d'un père, que les larmes d'une mère?... Il y a des autorités si hautes et si sacrées, qu'on doit les respecter jusque dans leurs erreurs. Le respect filial est un respect inviolable, et l'autorité paternelle est toujours un rayon de la majesté divine. » (Mgr Dupanloup.)

La nature parle assez haut; et cependant Dieu a voulu consacrer son enseignement par l'autorité de sa puissance et de ses promesses : Tu honoreras ton père et ta mère, et je bénirai les jours que je te donnerai de passer sur la terre.

Il y avait peine de mort, dans l'ancienne loi, contre un enfant qui s'oubliait jusqu'à maudire son père et sa mère, ou jusqu'à porter la main sur eux ; souvent l'Église aussi a frappé le même crime de la plus terrible de ses peines, l'excommunication.

Non-seulement vous ne mériterez jamais un pareil anathème, enfants chrétiens, mais vous serez des modèles de respect filial, d'obéissance et de tendresse. Vous réjouirez le cœur de votre père et de votre mère, par l'empressement que vous mettrez à vous acquitter de tous vos devoirs et à leur prodiguer, en toute occasion, les marques de votre amour.

Pendant le cours de l'année scolaire, vous leur prouverez votre affection par une généreuse application au travail, par une conduite vraiment sage, par vos progrès et vos vertus. Jamais vous ne les affligerez par de mauvaises notes et par des résultats contraires à leurs plus ardents désirs. Pourriez-vous, sans une impardonnable légèreté et sans ingratitude, tromper leurs espérances et désenchanter leurs projets touchant votre avénir ? Auriez-vous le triste courage de ne leur apporter que des regrets et des pleurs, dans ce jour solennel où vos condisciples chargeront de prix et de couronnes le sein de leurs mères ? Non, vous mériterez aussi des récompenses, et vous direz d'avance, comme Épaminondas victorieux : « La plus douce de toutes est la joie qu'en éprouveront mon père et ma mère. »

Lorsque vous serez en vacances et toutes les fois que vous aurez le bonheur de passer quelques heures avec vos parents, soyez toujours pour eux un sujet de consolation, et qu'ils regrettent de se séparer de vous.

Nulle raison humaine ne saurait dispenser un fils du respect, des égards, et quelquefois des soins et des secours qu'il doit à ses parents, lors même que l'obéissance n'est plus un devoir pour lui ; disons plus, lors même que, par des circonstances déplorables, son cœur aurait été glacé. Dieu ne demande pas ce qui est impossible, mais il exige tout ce que peut la nature aidée de la grâce.

Si, par exemple, il arrivait que la désunion régnât entre votre père et votre mère, souvenez-vous toujours que vous êtes leur fils, et ignorez tout le reste. S'il vous est impossible de vous dissimuler des torts, contentez-vous de gémir et de prier en secret, et que jamais un mot amer ne sorte de vos lèvres. Voilà ce que la religion vous prescrit.

Je n'insiste pas sur le fond de ce précepte, mes chers enfants, car les monstres sont rares, dit une dame pleine d'esprit (1). Mais il n'est malheureusement pas rare de trouver des enfants sans égards, sans prévenance, sans amabilité, sans politesse pour leurs parents. Je pourrais tracer ici des tableaux odieux : je n'aurais qu'à révéler les secrets de trop de familles, où l'irréligion des parents et la mauvaise éducation des enfants attirent la malédiction divine. On y verrait, pour le moins, l'insouciance, les irrévérences, les

_______

(1) *Du savoir-vivre en France au dix-neuvième siècle.*

petites colères, les paroles dures et malhonnêtes, l'absence complète, je ne dirai pas seulement du respect et de la charité, mais de cette politesse vulgaire dont on ne doit jamais se départir, et qu'ils semblent néanmoins avoir réservée pour les seuls étrangers.

Hélas! ne pourrais-je pas y joindre les tristes exceptions que nous offrent aussi quelques maisons chrétiennes, où la faiblesse d'un père, d'une mère, les inclinations perverses d'un fils dénaturé ont semé les douleurs et les regrets? Prenez garde, mes chers amis, qu'une excessive tendresse de la part de ces cœurs si dévoués et une trop longue familiarité de la vôtre n'affaiblissent en vous le respect filial, qui est le premier de vos devoirs de famille; prenez garde qu'elles ne vous portent à négliger ces marques de vénération et de déférence, qui sont les preuves et la sauvegarde de ce même respect.

Obéissez sans réplique, avec une joyeuse docilité, je ne dis pas aux ordres de votre père, mais à ses avis, aux conseils de son expérience; obéissez avec amour et empressement à la voix chérie de votre mère. Devinez leur pensée, prévenez leurs désirs; soyez officieux, complaisants, affectueux; que leurs cœurs s'attendrissent en vous voyant si bons; que leurs yeux se remplissent de douces larmes, en lisant dans les vôtres; que leurs mains vous bénissent chaque soir; que tous les pères et toutes les mères, qui vous verront si respectueux et si affectionnés, se disent en eux-mêmes : Puissent mes enfants ressembler à ceux-ci! S'il vous est arrivé de leur manquer d'égards, de leur désobéir, de vous oublier en quoi que ce soit, ne vous couchez pas le soir sans avoir demandé et obtenu leur pardon.

Dans les siècles de foi, l'autorité paternelle et l'autorité maternelle avaient un ascendant religieux, que l'incrédulité de nos temps a trop affaibli, même dans les familles pieuses : le père et la mère étaient véritablement les représentants de Dieu, pour leurs enfants et leurs serviteurs. Le soir, la prière se faisait en commun, et c'était le chef de la famille, à l'exemple des patriarches, qui en prononçait la formule. Quel saint et touchant usage! Dans une des plus nobles familles de France, qui avait conservé ces mœurs antiques, jamais les enfants n'allaient prendre leur repos sans avoir reçu la bénédiction et le baiser de leur mère: la plus redoutée des peines était d'être exclu de la prière commune, et de ne pas recevoir cette dernière faveur d'une sage et tendre mère. Heureux les enfants qui ont de tels parents!

L'usage a prévalu, dit-on, partout, de tutoyer ses parents; on prétend que c'est plus affectueux, je crois que c'est moins respectueux et que l'affection n'y a gagné absolument rien. Mais pour chacun de vous, mes enfants, la question pratique est décidée ; vos parents vous ont habitués à l'un ou à l'autre. Faites en sorte que votre respect et votre amour soient également parfaits, et que la différence ne soit que dans les mots.

Honorez vos parents, surtout dans leur vieillesse.

C'est un précepte que votre cœur vous enseignerait, à défaut de la foi. Car ne sentez-vous pas que leurs cheveux blancs les rendent plus vénérables et que le terme de leur vie doit vous les rendre plus chers?

Vous avez peut-être aussi des grands-pères et des grand'mères? Que leur âge et leur faiblesse soient pour vous l'objet des soins les plus attentifs. O mes enfants! honorez leur vieillesse, soutenez leurs pas chancelants, réjouissez et embellissez leurs derniers jours, afin qu'ils vous laissent leur bénédiction en quittant ce monde où ils vous ont mis. N'imitez jamais ces enfants méchants et grossiers, qui rient de leurs petits travers et qui irritent leur susceptibilité : c'est une indignité, presque une impiété.

N'allez pas divulguer leurs défauts, s'ils en ont : vous devez plutôt les cacher. D'ailleurs, gardez soigneusement les secrets de votre famille. Rien de ce qui s'y passe de trop humain ne doit transpirer. Les indiscrétions de ce genre, si fréquentes de la part des enfants, sont des fautes graves. Accoutumez-vous donc de bonne heure à cacher aux étrangers les misères de votre intérieur, et apprenez à porter sans peine un secret.

Vous avez des frères et des sœurs : ce sont les premiers de vos amis ; la nature vous les donne, acceptez-les avec amour. Ils vous sont unis par les liens du sang les plus étroits ; Dieu veut que vos cœurs ne soient pas désunis.

Craignez la jalousie, et ne prenez jamais en mauvaise part les caresses qui leur sont prodiguées, fussent-elles imprudentes, comme celles du vieux Jacob envers Joseph. Vos parents vous aiment, n'en doutez jamais, et, si vous trouvez qu'ils ne vous aiment pas encore assez, méritez qu'ils vous aiment davantage, sans chercher à attirer sur vous des préférences dangereuses.

Vos sœurs, à cause de leur sexe, ont droit à plus d'égards ; vous devez leur céder dans les choses indifférentes ; de leur côté, elles suivront vos avis dans les circonstances graves. Une douce familiarité est non-seulement permise, mais convenable. Toutefois, prenez garde qu'elle ne dégénère en grossièreté ; car il n'est pas rare de rencontrer des frères et des sœurs qui se disputent, qui se taquinent, qui se font de la peine. C'est pécher à la fois contre la charité et contre la première des bienséances. Si l'on doit avoir des égards pour les étrangers et se montrer avec eux toujours aimable, n'y a-t-il pas mille raisons d'être plus généreux, plus complaisant, plus affectueux avec ses frères et ses sœurs ?

Plus tard, vous porteriez le même caractère dans votre propre maison, et vous seriez peut-être un de ces tyrans domestiques, qui semblent se dédommager de la contrainte qu'ils s'imposent dans le monde par l'indifférence, la dureté, l'impolitesse et les sottes manies dont ils affligent une épouse et des enfants.

Si vous avez, dans la maison paternelle, des oncles et des tantes plus âgés que vous, rendez-leur à peu près les mêmes devoirs qu'à votre père et à votre mère.

Il est d'usage, dans les bonnes familles, qu'il y ait des compliments et une petite réjouissance au premier jour de l'an, aux jours de naissance et de fête des parents ; les enfants y font de petits présents, dont les plus convenables sont le fruit de leurs études, comme pièces de vers, cahiers d'écriture, dessins, broderies, etc. Ceux qui sont éloignés ne manquent jamais d'écrire à leurs pères et mères pour ces époques, en ayant soin que leurs lettres arrivent le jour même ; rien ne saurait excuser un oubli, et moins encore un retard volontaire.

A ces époques, on visite ses oncles, tantes et autres parents, avec qui l'on a conservé des relations, ou bien on leur écrit des lettres aimables, pour entretenir les liens de famille. Heureux ceux qui trouvent parmi leurs parents et alliés tous les amis dont leur cœur a besoin ! Sans proscrire les autres amitiés, je vous recommande de préférer toujours celles-là.

Cependant il peut arriver qu'une partie de votre famille cesse de mériter vos sympathies, et que la religion et l'honneur vous fassent un devoir de vous en tenir aux plus simples égards. Car il est des fautes tellement graves, que continuer à voir la personne coupable, ce serait partager sa flétrissure. Alors abstenez-vous, et que ce soit une partie de son châtiment. Mais si son repentir mérite plus tard votre compassion, faites en secret ce que la charité chrétienne vous inspirera.

Quand on perd ses parents, ne pas prendre le deuil, suivant l'usage du pays, c'est une inconvenance; elle serait impardonnable s'il s'agissait des plus proches.

Souffrez qu'avant de quitter la famille, mes chers enfants, je vous donne quelques avis sur vos rapports avec vos domestiques; car ils en font partie et sont confiés, comme vous, par le Père commun, à la garde de vos parents. Jadis, les maîtres chrétiens les regardaient presque comme des enfants adoptifs, et les serviteurs aimaient leurs maîtres souvent plus que leurs pères selon la nature. Ces pieuses et vénérables coutumes ont disparu et n'ont laissé de traces que dans quelques hautes familles et chez les bons habitants des campagnes. Mais je veux au moins que vous ne regardiez pas vos serviteurs comme des étrangers, et que vous ne les traitiez jamais comme des êtres d'une nature inférieure à la vôtre.

Vos serviteurs sont vos frères en Jésus-Christ, et vous serez jugés au même tribunal, sur le même Évangile, par le même juge, sans acception de personnes, avec ce désavantage néanmoins que vous êtes des heureux de la terre, et que les prédilections du divin Maître ont toujours été pour les petits et les pauvres.

Je m'adresse surtout aux plus âgés d'entre vous, et je les engage à ne jamais oublier cette menace terrible: *Un jugement très-sévère est réservé à ceux qui commandent.* (*Sag.*, *VI, 6.*)

« Ne soyez point comme un lion dans votre maison, dit le Saint-Esprit, en vous rendant terrible à vos domestiques et en opprimant ceux qui vous sont soumis. » (*Eccl.*, *IV*, 35.)

Ne leur parlez jamais avec hauteur et dureté, mais commandez-leur avec une fermeté douce, si vos parents vous en ont donné le droit, et paraissez reconnaissants de ce qu'ils font pour vous, en leur donnant à l'instant même quelque signe de satisfaction, ne fût-ce qu'un sourire, une inclination de tête, une parole bienveillante.

> Du bien qu'on vous a fait soyez reconnaissant,
> Montrez-vous généreux, humain et bienfaisant.

Par là, vous vous ferez bénir et vous serez bien servis. Mais les paroles dures, les airs dédaigneux, les railleries amères blessent ce qu'il y a de plus délicat dans ces âmes déjà humiliées par leurs emplois, et y allument quelquefois une colère qui se venge, pour le moins, par des malédictions bien méritées.

Vous les gagnerez, au contraire, par la bonté et l'intérêt que vous leur marquerez : mêlez l'indulgence à la fermeté, et passez-leur quelques oublis ; ils en seront touchés. Louis XIV, ayant été obligé d'attendre à une porte qu'un gardien avait négligé d'ouvrir, et voyant que les autres accablaient de reproches ce pauvre homme tout essoufflé : « Pourquoi le grondez-vous ? dit-il avec douceur : croyez-vous qu'il ne soit pas assez puni de m'avoir fait attendre ? » De pareilles paroles vont au cœur, et y laissent une leçon plus durable que les reproches ou les menaces.

Il est nécessaire que vos serviteurs vous estiment. Sachez vous respecter devant eux, cachez vos faiblesses, si vous en avez. Respectez-les eux-mêmes, en ne leur demandant jamais des services qu'ils ne puissent vous rendre sans blesser leur conscience, ou leur honneur, ou le degré de dignité qui leur sied. En les dégradant, vous les rendriez indignes de votre confiance et de leur propre estime, et peut-être l'expieriez-vous plus tard cruellement.

Malgré la bonté, la charité, qu'il faut avoir pour ses domestiques, ne vous familiarisez point avec eux et ne leur faites jamais de confidences; car leur défaut d'éducation et souvent d'élévation dans les sentiments en ferait pour eux une pierre d'achoppement. Ils deviendraient insolents; et si, plus tard, vous les renvoyiez, ils vous trahiraient. Cet avis est devenu plus nécessaire que jamais, depuis que les cris de fraternité et d'égalité ont affaibli le respect et multiplié l'insolence.

Lorsque vous serez maîtres de maison (permettez-moi cet avis prématuré), regardez-vous comme responsables de leur conduite; veillez sur leurs âmes, obligez-les à remplir leurs devoirs de religion; donnez-leur de bons conseils, prenez soin de leurs intérêts matériels, soyez leurs pères; mais exigez une obéissance respectueuse et ponctuelle, sans réplique, sans airs mécontents; et, si vous ne l'obtenez pas facilement, congédiez-les plutôt que d'avoir à les reprendre et à les gronder sans cesse.

De votre côté, craignez les vivacités ; et, pour les éviter, avertissez vos inférieurs, une fois pour toutes, de ne jamais s'excuser en public, ni quand ils vous croiront en colère, mais d'attendre un moment plus opportun. Alors vous leur rendrez toujours justice.

Ne permettez pas qu'ils vous flattent ; mais, pour vous, encouragez-les volontiers, approuvez le bien qu'ils font, faites-les participer quelquefois à vos fêtes, dans leur petite sphère, et surtout payez-les bien, c'est-à-dire exactement et généreusement ; vous y gagnerez pour les soins et la fidélité.

Ne les laissez jamais inoccupés : l'oisiveté est la mère de tous les vices. Procurez-leur plutôt quelque délassement honnête, par exemple, des livres instructifs, s'ils savent lire ; mais défendez-leur d'en lire aucun sans votre agrément. Laissez-les sortir difficilement.

N'interrompez qu'à regret leurs repas et leur sommeil, et n'exigez point de travaux extraordinaires, sans leur en faire sentir indirectement la nécessité et sans les en récompenser.

Donnez-leur l'exemple du travail, de l'activité et de l'ordre ; c'est le plus sûr moyen d'en obtenir.

Ne les grondez pas trop pour quelque objet brisé involontairement, et n'en soyez pas de mauvaise humeur des jours entiers. Gardez-vous bien surtout de faire assister des étrangers à vos mercuriales, et de les attrister par vos bouderies. C'est de la mesquinerie, et du plus mauvais ton.

Mais faites-leur rendre compte de tout, par esprit

d'ordre, sans défiance injurieuse. N'exposez point leur cupidité à une trop forte tentation; c'est prudence pour eux et pour vous.

Il n'est pas d'usage, dans les bonnes maisons, que les serviteurs soient assis en présence de leurs maîtres, ni qu'ils se mêlent à la conversation; et, quand ils ont à leur parler, ils ne le font qu'à la troisième personne, par exemple : *Monsieur désire-t-il que j'aille à tel endroit?*

Pour vous, appelez-les par leur petit nom : *Paul, Henri;* et ne dites jamais : *La fille, le garçon;* cela sent la taverne.

Vous trouverez peut-être que j'entre dans beaucoup de détails. Je m'arrête tout court, pour me faire pardonner mes longueurs, et je me résume en vous disant que rien ne contribuera plus à votre bonheur en ce monde que la pratique de tous ces devoirs de famille. Dès maintenant, mes chers enfants, si vous êtes fidèles à ces avis, votre retour dans votre famille sera un jour de fête pour tous. « J'aime à me représenter votre père, votre mère, parfois un aïeul vénéré, vous accueillant avec tendresse; vos jeunes frères, vos jeunes sœurs, volant à votre rencontre, et jusqu'au vieux serviteur de la maison, qui se trouve récompensé et rajeuni en revoyant ses jeunes maîtres si bienveillants et si affables; et tous bénissent la religion qui vous forma, la religion personnifiée en vous sous les traits les plus aimables. » (*Disc. pour Distr. de Prix.*)

# AMIS

Un véritable ami est aussi rare que précieux. On ne le trouve point en dehors de la religion et de la vertu. Mais, quand on l'a trouvé, il ne faut rien négliger pour le conserver. Une politesse franche, qui repose sur la confiance et sur une sincère affection, l'absence de toute susceptibilité, une grande liberté de se dire la vérité mutuellement, un désintéressement absolu et un dévouement tout chrétien, telles sont les premières conditions d'une parfaite amitié.

Rien n'est utile, à tout âge, comme un ami sage et éclairé, qui ose vous avertir de vos défauts, de vos fautes, de ce que chacun peut blâmer dans votre conduite, sans que personne ait le courage de vous le dire en face. Il y a tel homme, qui est aujourd'hui parfaitement ridicule et qui le sera toute sa vie, sans s'en douter le moins du monde, et qui ne l'aurait été qu'un seul jour, s'il eût eu un ami sincère pour lui ouvrir les yeux. Mais, pour être digne qu'on vous rende un tel service, il faut savoir l'apprécier et en être reconnaissant ; il faut être exempt d'une sotte susceptibilité, et se garder bien de jamais disputer contre son charitable admoniteur ; car on lui fermerait infailliblement la bouche. Soyez bien persuadé qu'il lui en coûte plus pour vous dire franchement une dure vérité, qu'il ne vous en coûte pour l'écouter avec humilité. Ménagez donc un secours si précieux, et croyez que vous ne l'achèterez jamais trop cher.

Si vous avez l'âme élevée et que vous ayez des amis qui vous ressemblent, soyez assez généreux pour leur rendre le même service.

« Heureux celui qui rencontre un véritable ami ! dit un écrivain célèbre. Si l'homme est abandonné à sa propre force, sa vertu languit souvent : l'exemple et l'approbation d'un ami la raniment. Peut-être, au premier abord, était-il épouvanté de se sentir enclin à une foule de défauts, ignorant la force dont il était doué; l'estime d'un ami le relève à ses propres yeux. Il éprouve encore une honte secrète à n'avoir pas le mérite que l'indulgence d'un autre lui suppose, mais son courage s'accroît pour travailler à se corriger. Il voit avec plaisir que ses bonnes qualités n'échappent pas à son ami ; il en est reconnaissant; il ambitionne d'en acquérir d'autres; et parfois l'on voit, grâce à l'amitié, s'avancer rapidement dans la perfection un homme qui en était loin et en serait peut-être toujours resté éloigné. » (SILVIO PELLICO, *Des devoirs des hommes.*)

Mais un pareil trésor ne se rencontre que dans la vertu ; c'est pourquoi

> Fuyez les libertins, les fats et les pédants ;
> Choisissez vos amis, soyez d'honnêtes gens.

« Celui qui fréquente les sages, disait Salomon, sera sage lui-même; et l'ami des insensés deviendra semblable à eux. » (*Prov.*, *XIII*, 20.)

« Nous devons de la bienveillance à tous les hommes, mais nous ne devons porter cette bienveillance au degré de l'amitié que quand on s'est rendu digne de notre estime. L'amitié est une fraternité, et, dans son sens le plus élevé, le beau idéal de la fraternité.

« Ne déshonorez pas le nom sacré d'ami, en le donnant à un homme de peu ou point de vertu.

« Si un homme hait la religion, s'il ne prend aucun soin de sa dignité d'homme, s'il ne comprend pas le devoir d'aimer sa patrie avec sagesse et probité, s'il est fils peu respectueux et mauvais frère, — fût-il le plus merveilleux des mortels par l'affabilité de sa personne et de ses manières, par l'éloquence de ses discours, par la multitude de ses connaissances, et même par quelque brillant élan pour les actions généreuses, évitez de vous lier d'amitié avec lui. Vous montrât-il la plus vive affection, ne lui accordez pas votre familiarité. L'homme vertueux seul a les qualités nécessaires pour être votre ami. » (SILVIO PELLICO.)

Quand on est jeune, on fait aisément des amis; une partie de plaisir, le besoin de s'amuser, une certaine conformité d'humeur et quelquefois de passions, suffisent pour cela; mais souvent ces amis sont au fond très-indifférents, très-méchants, très-corrompus, très-dangereux, pires que de cruels ennemis. Soyez donc circonspects et n'ouvrez pas votre cœur à ces camarades d'un jour.

Le philosophe Bias disait : « Avec certains amis, comportez-vous comme s'ils devaient devenir vos plus cruels ennemis. »

> Avec les inconnus usez de défiance ;
> Même avec vos amis ayez de la prudence.

Si leurs amusements et leurs discours sont honnêtes, abandonnez-vous à une modeste gaieté ; mais, s'ils laissent percer quelque trait de mauvais esprit ou de mauvaises mœurs, trouvez un prétexte pour vous retirer, et ne les revoyez jamais, si ce n'est en présence de leurs parents ou des vôtres.

Ne craignez pas ce qu'ils en diront ; vous seriez trop peu digne du nom d'honnête homme et de chrétien, si vous aviez quelque souci de pareilles vétilles.

Chaque famille a ses amis, on dirait mieux ses connaissances. Cette amitié doit être cultivée par des visites, par des lettres, par des obligeances ; mais il y faut toujours mettre de la prudence et de la réserve ; car, encore une fois, les vrais amis sont rares.

Quand vous aurez éprouvé l'amitié d'une famille et que vous connaîtrez le caractère de chacun de ses membres, vous verrez sur quoi doit porter votre réserve et de quel côté vous pouvez être à l'aise. Il n'est jamais permis de s'y regarder comme chez soi, quand même on vous le dirait. Mais on y peut prendre certaines libertés honnêtes, qui ne seraient ni prudentes ni polies chez des étrangers.

Tant que vous serez jeunes, défiez-vous de la propension naturelle que vous avez à ne point vous contraindre, à parler trop et inconsidérément, à vous divertir de tout, à temps et à contre-temps, et à sortir par toutes les voies du cercle souvent si étroit qu'impose la politesse.

Ne croyez pas trop vite à la patience et à la bienveillance de ceux que fatigue votre étourderie; mais croyez plutôt qu'ils sont trop polis pour vous dire que vous les ennuyez.

Prenez garde que votre indiscrétion ne soit exploitée par quelque personne malicieuse, et qu'on ne vous fasse dire des choses impertinentes, en paraissant vous y encourager et s'en amuser. Les bavards ont souvent le malheur de faire de semblables rencontres, et le tort de ne s'en apercevoir que trop tard.

Quelquefois les plus malins y sont pris; à quoi ne s'expose donc pas un jeune homme? Louis XIV, voulant avoir l'avis du maréchal de G..., sur une pièce de vers de sa façon, lui dit un jour : « Monsieur le maréchal, lisez, je vous prie, ce petit madrigal, et dites-moi si vous en avez jamais vu un si impertinent. Parce qu'on sait que j'aime les vers, on m'en apporte de toutes les sortes. — Le maréchal, après l'avoir lu, dit au roi : Sire, votre Majesté juge divinement bien de toutes choses; il est vrai que voilà le plus sot et le plus ridicule madrigal que j'aie jamais lu. — Le roi se mit à rire : N'est-il pas vrai que celui qui l'a fait est bien fat? — Sire, il n'y a pas moyen de lui donner un autre nom. — Oh! bien, dit le roi, je suis ravi que vous m'en ayez parlé si bonnement; c'est moi qui l'ai fait. — Ah! Sire, quelle trahison! que Votre Majesté me le rende, je l'ai lu trop vite... — Non, Monsieur le maréchal, les premiers sentiments sont toujours les plus naturels. » Le roi, dit madame de Sévigné, s'amusa beaucoup de cette folie; et tout le monde trouva que c'était la plus cruelle petite chose qu'on pût faire à un vieux courtisan.

Lorsqu'une indiscrétion n'a pas de plus fâcheux résultats, il n'y a pas lieu de s'en affliger beaucoup; mais que de fois les conséquences en sont plus regrettables!

Ne vous laissez pas prendre davantage aux semblants d'amitié et aux protestations de certaines personnes, qui ont peut-être besoin de vous et que vous ne connaissez pas assez. Le monde est plein de flatteurs, de menteurs, et les formules polies y sont prodiguées.

On vous offrira souvent des objets que vous paraîtrez désirer, parce qu'on vous croira assez poli pour les refuser; gardez-vous bien d'accepter, si l'on n'insiste pas assez fortement pour montrer qu'on le souhaite.

On vous fera des invitations que vous devrez refuser avec politesse, et qu'on ne vous répétera pas. On vous en fera d'autres que vous devrez accepter avec joie, et que vous ne pourriez refuser sans offenser. L'usage du monde vous apprendra ces distinctions : provisoirement, soyez réservés.

Si vous allez passer quelques jours chez des amis, on vous priera de ne vous gêner en rien ; vous en serez très-reconnaissants. Mais vous saurez vous gêner beaucoup, s'il le faut, plutôt que de vous plaindre et de déranger péniblement personne.

On vous donnera une chambre ; vous n'y gâterez rien, ni la tapisserie, ni le parquet, ni les meubles. Vous y trouverez un sucrier à votre usage, mais vous n'y toucherez pas. Un domestique recevra l'ordre de vous prodiguer tous ses services, mais vous en exigerez le moins possible, en ayant soin vous-mêmes de vos propres affaires, et en ne salissant rien par négligence.

On vous procurera le plus d'amusements que l'on pourra, vous y prendrez toujours tout le plaisir possible. Dans les intervalles, on vous demandera si vous vous ennuyez, vous répondrez toujours que non, parce qu'il n'en doit pas être ainsi. Vous aurez dû apporter avec vous quelques livres, des dessins, de la musique, ou d'autres objets de travail, pour vous distraire, au besoin ; car vous comprenez que vos hôtes ne peuvent ni toujours s'occuper de vous, ni souffrir que vous vous ennuyiez ; c'est à vous d'y pourvoir.

Si on oublie de vous donner quelque chose dont vous pouvez vous passer, ne le demandez pas ; on serait désolé de cet oubli. La mortification chrétienne est une des premières conditions de la politesse.

Lorsqu'on vous montrera le parc, les jardins, les pièces d'eau, ou la maison avec ses ornements, trouvez tout fort bien, ou du moins blâmez fort peu; que la plupart de vos observations aient pour but de relever le bon goût qui a présidé à tout cet arrangement.

Ne croyez pas que je vous engage à mentir; le mensonge n'est jamais permis. Mais trouver bon ce qui plaît aux propriétaires, admirer ce qu'il y a de beau, taire ce qui nous choque, ne prendre aucun parti dans des questions de goût fort incertaines, et laisser les personnes se complaire dans leur manière de voir, quand le bien absolu n'y est aucunement intéressé, c'est être simplement raisonnable, prudent et adroit, si vous le voulez, mais sans mentir; et c'est être aimable.

L'ordre de la maison, les heures des repas et de la promenade, les habitudes de vos hôtes, tout doit vous accommoder. Si votre santé ou votre humeur ne pouvait s'y plier, il faudrait abréger votre séjour et n'y pas revenir, à moins de circonstances exceptionnelles.

Quand on a des infirmités, un régime à suivre, ou des humeurs noires qu'on ne saurait dominer, on reste chez soi. Car il faut absolument être aimable et se trouver bien, quand on est chez les autres.

Un point, qui n'est pas moins important, est de savoir partir avant d'ennuyer; cela demande un certain tact, que tout le monde n'a pas.

Enfin, faites en sorte qu'on vous regrette; donnez

généreusement aux domestiques, en partant; et, après quelque temps, écrivez une lettre aimable aux personnes qui vous ont si bien reçus.

Quant à vous, si vous recevez, songez que vous ne pouvez y mettre trop d'affabilité; dites à vos amis, dès leur arrivée : *Vous êtes chez vous; faites-moi le plaisir de ne vous gêner en rien.* Puis déployez toute votre charité, et amusez-les bien. Enfin retenez-les le plus longtemps qu'il vous sera possible.

On se fait quelquefois des présents (évitez le mot cadeau), après un service rendu, à l'occasion d'une fête, d'une chasse, d'une récolte, d'un événement. Celui qui offre doit choisir ce qui convient au goût de celui qui reçoit : on donne des livres à un savant, des objets d'art à un artiste, des objets de toilette à une dame, une bourriche à tout le monde, et ainsi du reste.

Les auteurs envoient un exemplaire de leurs ouvrages, avec quelques mots de respect ou d'amitié, selon les personnes.

> Donnez de bonne grâce : une belle manière
> Ajoute un nouveau prix au présent qu'on veut faire.

Celui qui reçoit doit toujours être reconnaissant, et l'exprimer par une visite ou par une lettre ; il convient d'en réveiller adroitement le souvenir plus tard. On paie bien le domestique porteur.

Si l'on veut vous faire une surprise, ne vous apercevez de rien : laissez le plaisir tout entier; et si l'on vous donne une chose que vous avez déjà, ne le dites pas; vous affligeriez ceux qui sont si bons pour vous.

On dit que la manière de donner vaut souvent mieux que ce que l'on donne; j'ajouterai que la bonne manière dont on reçoit est souvent la plus douce récompense de celui qui donne.

Les amis se rendent fréquemment des services; l'obligeance veut qu'on le fasse avec empressement, quand on peut les rendre, et qu'on s'excuse avec un sincère regret, quand on ne le peut pas.

> Prêtez avec plaisir, mais avec jugement;
> S'il faut récompenser, faites-le dignement.

Mais la discrétion demande, d'autre part, qu'on ne soit pas exigeant, qu'on ne se rende pas à charge, qu'on ne réclame qu'avec courtoisie, même ce qui a été offert, qu'on le fasse le moins souvent possible, et qu'on soit toujours très-reconnaissant.

Si vous empruntez des objets, rendez-les exactement, promptement et en bon état, après les avoir fait réparer, s'il leur est arrivé quelque accident. Il est trop ordinaire de rendre des livres tachés, salis, crayonnés, avec des feuilles pliées; rien n'est plus disgracieux.

Il n'est pas même rare qu'on ne les rende point du tout. Qui ne regrette des livres prêtés? Je me rappelle avoir entendu un excellent homme, dans une nombreuse société, proposer à ses amis, comme chose à lui, une magnifique édition d'un poëme, qu'il m'avait empruntée six mois auparavant : il l'a gardée.

Celui qui prête ne doit ni se faire prier, ni se laisser remercier; mais, s'il refuse, il doit motiver son refus sur une bonne raison et l'accompagner de paroles très-obligeantes.

> Rappelez rarement un service rendu;
> Le bienfait qu'on reproche est un bienfait perdu.

N'essayez pas de paraître plus généreux que vous ne l'êtes; ne faites pas des offres et des protestations que vos actes puissent démentir; car, outre que le mensonge est indigne d'un homme d'honneur, on ne tarderait pas à publier que votre cœur n'est pas d'accord avec vos lèvres.

Vos amis et vos connaissances vous écriront, pour vous *faire part* de leur mariage, de la mort de leurs proches, et peut-être, selon les usages des lieux, de certains autres événements graves. Si vous êtes assez intimes, vous devez une visite, ou au moins une réponse; si vous êtes à peu près étrangers, vous pouvez vous contenter de reconnaître intérieurement la politesse qu'on vous a faite.

Les familles qui s'aiment ont l'habitude de se réunir, pour faire ensemble des promenades, de petites soirées. La politesse chrétienne y doit toujours présider; c'est-à-dire que vous devez soumettre vos goûts aux désirs des autres, et ne point chercher soit à diriger la promenade, soit à imposer les jeux. Si vous émettez un avis, ce ne peut être que pour suggérer un plus grand agrément. Quant à la marche, aux moments de repos et de départ, c'est aux dames et aux plus anciens à tout régler.

Encore, fussiez-vous le plus digne, la charité vous fait un devoir de ne pas fatiguer votre compagnon. Henri IV fit perdre haleine au duc de Mayenne, qui lui avait fait la guerre, mais c'était pour se venger de lui, et ce fut sa seule vengeance.

Les hommes du monde offrent le bras aux dames et s'emparent des objets qui les embarrassent. Si l'on s'assied, c'est à eux de procurer des siéges; ils restent debout, si l'on en manque. Dans les classes aisées, un seul paie les places pour tous, et personne ne doit le rembourser; c'est trop peu de chose.

Le long du chemin, ne parlez pas trop haut et ne prenez pas trop vos ébats : c'est de mauvais ton. Soyez plutôt discrets et modestes. D'ailleurs les haies ont souvent des oreilles.

Si vous marchez plusieurs ensemble, la première place est au milieu, la seconde à droite, la troisième à gauche; quand on n'est que deux, c'est la droite qui est la première.

Si l'on monte en voiture, la première place est à droite au fond, et les suivantes vers la gauche; les places de seconde classe sont sur le devant, dans le même ordre. Mais ordinairement les places de *coin* sont préférées. Or personne ne l'ignore en France, c'est à la qualité, à l'âge et au sexe qu'appartiennent les premières.

Si vous visitez un musée ou un palais, parlez bas à

l'oreille de ceux qui vous accompagnent. Ne touchez à rien, et payez bien les gardiens, en sortant. Dans une société, un seul se charge de ce soin.

Si vous vous promenez dans un jardin, ne cueillez ni fleur, ni fruit, à moins que le propriétaire ne vous y invite deux fois, ou que vous ne sachiez son intention.

Au retour, si l'on joue à de petits jeux, prêtez-vous-y de bonne grâce, et faites vos pénitences avec gaieté, quand vous serez pris ; mais gardez-vous d'en imposer qui blessent la conscience et l'honneur des plus délicats. Si d'autres se le permettaient, vous ne tarderiez pas à vous retirer sous un prétexte quelconque ; cette société cesserait d'être digne de vous.

Il y a de ces petites soirées, qui sont plus dangereuses, pour les jeunes gens des deux sexes, que des bals pourtant mal famés ; et je n'ai jamais pu comprendre la coupable insouciance ou l'incroyable cécité de beaucoup de personnes qui n'ont aucune inquiétude sur un point si grave.

Ne jouez point aux jeux de hasard ; ils sont contraires à la raison et proscrits par les moralistes. Si vous triomphez, ne faites pas éclater votre joie au point d'humilier les vaincus, et si vous perdez, ne montrez point de tristesse.

Jouez pour le plaisir, et perdez noblement,
Sans prodigalité dépensez prudemment

Il faut pour cela se posséder parfaitement ; et la politesse vous en fait une obligation..

Vous le rendrez plus facile, en ne jouant jamais gros jeu. C'est aux petits jeux qu'on s'amuse le mieux, quand on a un cœur d'enfant ; or il est à souhaiter que vous conserviez cette simplicité enfantine jusqu'à la mort.

Si vous savez chanter, jouer d'un instrument, toucher le piano, et qu'on désire vous entendre, ne vous faites pas prier ; soyez complaisants et modestes. Mais ne soyez pas long, surtout s'il y a là beaucoup d'étrangers ; car les Français aiment la variété, et les Françaises ne pardonnent à personne de leur dérober un temps dont elles espéraient faire leur profit. Ne ressemblez pas à ces musiciens passionnés, qui s'imaginent qu'on ne peut s'ennuyer de ce qui leur donne tant de plaisir.

Dans les petites réunions, quand on veut se retirer, on salue d'abord la maîtresse de la maison, deux ou trois des personnes les plus qualifiées ou les plus connues, puis les autres collectivement, et on ne se laisse pas reconduire. Dans les réunions très-nombreuses, on dit adieu tout bas à ses voisins, et on disparaît sans bruit.

Enfin, si vos supérieurs ou vos amis tombent malades, demandez tous les jours de leurs nouvelles, et multipliez vos visites.

Si un renversement de fortune vient les affliger, c'est le cas de montrer la sincérité de votre affection en redoublant d'égards et d'obligeance, en les aidant et les consolant par tous vos moyens, en déployant envers eux la plus cordiale et la plus généreuse charité.

Ne vérifiez pas ce distique :

*Donec eris felix, multos numerabis amicos;*
*Tempora si fuerint nubila, solus eris.*

« Tant que vous serez heureux, vous compterez beaucoup d'amis ; Si la fortune cesse de vous sourire, vous resterez seul. »

N'est-ce point ici le lieu de rappeler à votre cœur vos frères indigents, les membres souffrants de Jésus-Christ, ces pauvres que Dieu vous a ordonné de soulager? Vous ferez l'aumône, sans doute, mais vous la ferez en catholiques, avec ce respect, cette tendresse, cette amabilité, qui met plus de baume au cœur de l'infortuné que la pièce de monnaie déposée dans sa main.

« Rien de plus consolant pour le malheureux que de se voir traiter avec d'aimables égards par des supérieurs : son cœur se remplit de reconnaissance, et alors il comprend pourquoi le riche est riche, et il lui pardonne sa prospérité, parce qu'il en est digne. » (SILVIO PELLICO. )

« Heureux qui a l'intelligence de la charité pour le pauvre, dit le Psalmiste, Dieu veillera sur lui au jour des tribulations ! »

Aimez le doux plaisir de faire des heureux,
Et soulagez surtout vos frères malheureux.

« Mais surtout, ajoute le généreux Silvio, si vous voyez le mérite opprimé, travaillez de toutes vos forces à le relever, ou, si cela ne se peut, travaillez au moins à le consoler et à lui rendre l'honneur. Rougir de montrer de l'estime à l'honnêteté malheureuse est la plus indigne des bassesses. Vous la trouverez cependant très-commune ; soyez d'autant plus attentif à ne pas vous laisser infecter de son poison. »

Mais que votre charité soit discrète : il y a beaucoup de pauvres qui sont dans la misère par pure paresse, et qui trouvent dans l'oisiveté la source de plus d'un vice. Lorsque vous serez dans une position qui vous permettra de les faire travailler, couvrez vos aumônes de cet honorable prétexte ; vous leur rendrez un double service.

Vous aurez surtout besoin de toute votre délicatesse envers ces pauvres honteux, qui, déchus d'une condition meilleure, n'ont pas le courage de tendre la main, ni même de hasarder une timide prière : il est digne de la charité chrétienne de les découvrir et de leur épargner l'humiliation d'une aumône avouée. Que votre cœur et votre esprit s'entendent pour les consoler, sans les offenser.

« Il existe d'excellentes choses impossibles à faire par un seul individu, impossibles à faire dans le secret. Aimez les sociétés de bienfaisance, et, si vous en avez la facilité, tâchez d'en établir, ranimez-les quand leur zèle s'affaiblit, redressez-les quand elles prennent une mauvaise voie. Ne vous laissez pas abattre par les sarcasmes que les avares et les indolents décochent contre les âmes ardentes, toujours occupées du bien de l'humanité. » (SILVIO.)

Sachez être généreux et désintéressés, dans un siècle où l'égoïsme et l'amour de l'argent sont vantés comme des vertus. Il appartient à la jeunesse chrétienne de nous montrer de grandes âmes, au-dessus de ces mœurs dépravées. Quelle honte n'est-ce pas que l'avarice et la lésine chez des personnes à qui Dieu, en leur donnant des richesses, a visiblement départi la glorieuse tâche de se faire bénir par des bienfaits! Est-il rien de plus révoltant que de rencontrer dans des jeunes gens pourvus des biens de la fortune, à un âge plutôt libéral que cupide, des âmes rétrécies qui calculent déjà comme des agioteurs, et des mains toujours serrées, qui ne laissent point échapper sans regret une pièce d'argent? A Dieu ne plaise que je veuille blâmer ici l'habitude précoce de l'ordre et d'une sage économie ! Mais ce qu'on donne aux pauvres avec discrétion n'appauvrit pas; ce qu'on prend sur ses plaisirs pour l'employer en bonnes œuvres, soit en faveur des hommes, soit à la gloire de Dieu, est une semence féconde que le ciel rend au centuple.

Pour conclusion, mes chers enfants, je vous demande que les pauvres et les infortunés, par lesquels je finis ce chapitre sur les amis, ne soient point les derniers dans vos cœurs.

# ÉTRANGERS

J'appelle ici étrangers les hommes qui ne sont ni vos parents ni vos amis, et que vous voyez rarement ou seulement une fois.

Avec ces personnes, vous ne pouvez avoir autant de cordialité, mais vous devez allier les mêmes égards extérieurs à beaucoup plus de réserve. Ne vous ai-je pas déjà dit assez, mes chers enfants, qu'il y a dans le monde bien des hypocrites, des fourbes, des gens méchants et corrompus ? Concluez-en qu'on ne doit jamais révéler à des inconnus ce qu'on ne veut pas rendre public, ni leur livrer ce qu'on n'est pas disposé à perdre, à moins que leur dignité et leurs fonctions n'offrent des garanties suffisantes; car alors je ne les appellerai plus des inconnus. Mais comme, d'une autre part, rien ne blesse tant les hommes que la défiance, il ne faut jamais, sans nécessité, leur en marquer d'autre que cette réserve générale et légitime, qui est plutôt l'absence que le contraire de la confiance. Aucun étranger ne peut s'en offusquer.

En vous tenant dans ces bornes, pour le fond, vous

devrez rendre à chacun l'honneur qui lui est dû, et vous montrer polis envers tout le monde. Vous ne supposerez point de mauvaises intentions, sans motif, et, si on vous laisse voir des défauts qu'on devrait cacher, vous ne paraîtrez pas les apercevoir. Lors même qu'on manquerait de tact et de savoir-vivre à votre égard, si votre amour-propre seul en souffre, supportez-le sans vous plaindre. Soyez polis même avec ceux qui ne le sont pas.

Honorez partout et en toute rencontre les personnes en dignité, les vieillards et les dames. La dignité a un droit sacré à vos respects, et la société a besoin qu'il en soit ainsi. La vieillesse est en vénération chez tous les peuples civilisés. Souvenez-vous de ce qui arriva aux jeux publics de la Grèce : Un vieillard, cherchant une place dans l'amphithéâtre, parvint au quartier des Athéniens ; pas un jeune homme n'y fit attention. Il passa au quartier des Lacédémoniens, la jeunesse de Sparte se leva comme un seul homme, et le vieillard eut la première place au milieu d'elle. Des applaudissements universels couvrirent cet acte de respect. Quant aux dames, il suffit d'avoir passé deux jours en France, pour savoir quels égards on leur doit. Nous trouverons plus d'une occasion d'en parler.

Ne vous formalisez pas des travers et des excentricités des hommes avec qui vous aurez des relations ; l'humaine nature est fertile en bizarreries. Il faut se résigner à supporter, de bonne grâce, ce qu'on ne saurait empêcher.

Vous verrez des femmes du peuple qui prennent des airs d'homme, et qui oublient, dans leur tenue, la modestie qui sied à leur sexe ; de petites bourgeoises, au contraire, qui font les grandes dames et ne savent pas parler français ; de grandes dames, dont la morgue et la sotte fierté choquent les personnes les plus bienveillantes.

Vous verrez jusqu'à des ecclésiastiques, dont la tenue mondaine et le langage cavalier donnent trop de prise aux sarcasmes de ceux qui ne les aiment pas.

Vous trouverez des vieillards moroses, qui ne voient rien de bien que dans le passé ; et de jeunes amateurs du temps présent, qui n'estiment que leur siècle : littérature, sciences, arts, mœurs, institutions et hommes, ils jugent tout à leur point de vue.

Vous entendrez faire de la politique à tort et à travers, proposer des réformes radicales, traiter d'imbéciles les hommes les plus habiles, par des gens qui ne savent ni gouverner leur propre maison, ni réformer leurs mœurs déréglées.

Vous verrez des hommes d'un extérieur honorable, qui auront la prétention de savoir ce qu'ils ne savent pas, et de faire ce qu'ils ne font pas, qui prendront des airs si fiers et parleront un langage si affecté et si faux, qu'en voulant passer pour des gens d'esprit, ils feront juste ce qu'il faut pour prouver qu'ils sont des sots.

Tout cela est étrange et souvent ridicule. Mais il faut agir comme si vous ne vous en doutiez pas.

Gardez-vous des antipathies de rang ou d'état ; c'est une injustice et une petitesse.

Si vous habitez une grande ville et que vous alliez sur les promenades publiques, vous aurez peut-être à vous déranger pour laisser passer des cavalcades de jeunes fats, qui vous regarderont de bien haut et riront de vous, parce qu'ils sont riches, qu'ils mettent une particule devant leur nom, et qu'ils ont de beaux chevaux, des habits fins, des chaînes d'or, tandis que vous êtes à pied et très-modestement vêtus. Hélas ! il y a tel cheval qui ne vaut pas son harnais doré ; il y a tel dandy qui ne vaut pas ses habits. S'il vous prenait envie de savoir ce que doivent être estimés ces jolis personnages, vous apprendriez probablement que la plupart n'ont ni science, ni vertu, ni mérite réel. Car ce sont ordinairement les plus ignorants, les plus frivoles, les plus sots, les plus méprisables, qui sont les plus fiers, les plus vaniteux, les plus insolents. Vous en trouveriez qui ne pourraient pas lire une page couramment, ni l'écrire sans faire des fautes d'orthographe. Interrogez-les sur leurs ancêtres, leurs généalogies, leurs armoiries, leurs titres, ils seront intarissables ; ils en ont fait une étude spéciale. Mais ne leur demandez pas autre chose, à moins que ce ne soit sur la manière de conduire un cheval, sur le prix d'un chien ou d'un fusil, sur l'art de fumer, de polker, de dire des niaiseries et de perdre le temps ; car ils y sont encore experts. Ces beaux jeunes hommes ne sauraient pas même gagner leur vie, si un renversement de fortune les rejetait à leur place naturelle. Pourquoi donc se pavanent-ils d'un air si dédaigneux, sous ce clinquant emprunté? Une satisfaction si bouffonne ressemble trop à celle de jeunes ânons, qui bondissent de joie, parce qu'on leur a passé au cou les grelots de leur père.

Une autre fois vous aurez à défendre les grands et les riches contre les accusations exagérées de la classe inférieure. On leur reprochera à tous indistinctement les fautes ou les défauts de quelques-uns. On ne voudra voir en eux que de l'orgueil, de la dureté, du mépris, sans tenir compte de la bonté d'un grand nombre, de leur charité, de leur générosité, de leur obligeance, de leur cordialité, de leur amabilité et de leurs qualités les plus incontestables. On en tirera des conclusions tout opposées à la justice et à la morale de l'Évangile, et on se jettera dans des excès cent fois pires que ceux dont on se plaint. N'ayez jamais la faiblesse de vous laisser aller à de si sottes déclamations, et tâchez même de ramener au bon sens quiconque s'en écarte à ce point.

Vous rencontrerez des nobles qui estiment trop leur naissance et leurs titres, peut-être même jusqu'à exclure de leur société des hommes de mérite, comme des impertinents qui s'en font accroire.

Un courtisan titré s'étonnait ainsi qu'on eût tiré Fléchier de la boutique de ses parents, pour l'élever au sacerdoce et à l'épiscopat, et il eut l'ineptie de le lui faire sentir : « Je vois, à votre esprit, répondit l'illustre prélat, que, si vous étiez né à ma place, vous seriez encore dans cette boutique d'où je suis sorti. »

Par représailles, vous entendrez des roturiers les accuser tous de morgue, de sot orgueil, d'esprit de caste, et déprécier outre mesure la naissance, les titres, la gloire passée, pour exalter au contraire le mérite personnel; ils auront à vous raconter cent histoires humiliantes, au détriment de certains personnages qui n'ont pas hérité de l'esprit de leurs ancêtres.

Ces reproches réciproques ne sont-ils pas exagérés? Oui. Les nobles sont-ils tous aveuglés sur la valeur de leurs titres? Non. Méprisent-ils le mérite personnel? Non. Les roturiers ne sont-ils pas quelquefois jaloux? Oui. Seraient-ils si fâchés d'être nobles? Non. La naissance, le talent et la vertu sont donc quelque chose aux yeux des uns et des autres? Oui. Pourquoi ne s'accordent-ils donc pas? Parce qu'ici l'amour-propre se fait juge et qu'il n'est jamais impartial. Ce sont des puérilités dont on devrait rougir de part et d'autre.

Pour vous, mes chers enfants, ne vous laissez jamais dominer par des sentiments aussi peu honorables et aussi peu chrétiens; ayez tous de nobles cœurs et des esprits élevés. Si vous possédez des richesses et un nom glorieux, montrez-vous-en dignes; songez que ce brillant et légitime héritage, loin d'augmenter votre mérite personnel, vous oblige d'en avoir un supérieur aux autres. Si, au contraire, vos parents ne vous ont légué que des vertus, faites valoir ce trésor, plus précieux que les richesses et les dignités; ne vous abaissez point par une jalouse ambition, mais élevez-vous plutôt au-dessus de votre fortune par un vrai mérite, par une grande sagesse et par une éminente piété. Ce sera, d'ailleurs, sur ces bases que les rangs seront assignés dans le ciel.

Ne laissez entrer dans vos âmes aucune aversion, aucun sentiment haineux, aucun désir de vengeance, quelques torts qu'on ait eus à votre égard. Car vous ne pouvez vous y laisser aller sans une haute inconvenance, puisque vous êtes chrétiens et que vous savez le précepte du Seigneur : « Aimez-vous les uns les autres comme je vous ai aimés... Chérissez même vos ennemis, faites du bien à ceux qui vous haïssent, bénissez ceux qui vous maudissent, priez pour ceux qui vous calomnient et qui vous persécutent, rendez le bien pour le mal, afin d'être les enfants de votre Père céleste, qui fait luire son soleil pour les bons et pour les méchants. » (Saint Matth., ch. v, 44, 45 ; saint Jean, XIII, 34.)

Ne conservez jamais de rancune, et conséquemment gardez-vous d'en jamais montrer contre qui que ce soit ; ne souffrez même pas que d'honnêtes gens soient mal avec vous, si vous pouvez l'empêcher. Ecoutez encore le Sauveur : « Si vous allez offrir votre présent à l'autel et qu'il vous souvienne que votre frère a quelque chose contre vous, laissez là votre offrande, et allez premièrement vous réconcilier avec lui ; puis, vous reviendrez vous présenter à l'autel. » (Saint Matth., v, 23.)

Les cœurs francs et généreux ne sont point embarrassés pour opérer une réconciliation. S'ils ont eu tort, ils le confessent sans détour et en font leurs excuses. S'ils ont été attaqués et que ce soit à l'adversaire de faire les premières démarches, mais qu'il ne les fasse pas, ils n'hésitent point à lui en épargner la honte et ils l'abordent avec une noble franchise, comme cet homme qui s'ennuyait d'être brouillé avec son ami : « Vous avez commencé notre querelle, je viens la finir; donnez-moi la main, et n'en parlons plus. » En pareil cas, tout l'honneur en revient au plus courageux, et Dieu le bénit encore plus que le monde ne l'estime.

Continuons. Vous aurez affaire à des hommes de bureau : vous les trouverez souvent froids et revêches. Ce n'est pas qu'ils doivent se lever lorsque vous entrez, ni vous demander des nouvelles de votre santé, ni lier conversation avec vous ; cela ne se fait jamais, de part ni d'autre. Mais ne pourraient-ils pas être moins flegmatiques et plus affables ? C'est vrai; ne les imitez point, mais faites vos affaires avec eux, comme s'il n'en était rien.

Vient un homme de loi; son ton décidé, brusque, tranchant, et l'habitude qu'il a de contredire, vous choqueront un peu. Passez-lui ce défaut, n'y tombez jamais, et ne laissez pas de prendre ses conseils.

Vous rencontrerez un artiste : il ne sait parler que de son art, et ne s'imagine pas qu'il y ait sous le soleil quelque autre chose digne d'intéresser un homme;

gardez-vous de prétendre dissiper son illusion, laissez-le parler, et admirez... Il y a toujours quelque chose d'admirable dans les arts.

Vous entrez chez un marchand : attendez-vous bien à trouver son magasin fourni des meilleures choses, en chaque genre, et même des moins chères, vu la qualité. Laissez-le dire, c'est là son faible. Mais s'il vous jure que *sa marchandise vaut plus qu'il ne veut la vendre, qu'il y perd, que c'est à cause de vous, etc...*, la charité la plus indulgente ne peut vous autoriser à lui donner votre confiance.

Gardez-vous, de votre côté, de faire déployer beaucoup de marchandise, pour le plaisir de la voir ; ne parlez pas avec hauteur et mépris, et ne paraissez pas vous retirer mécontents, surtout si vous n'achetez rien. Exprimez, au contraire, votre regret d'avoir donné cet embarras, et de n'avoir pas trouvé ce que vous cherchiez ; à ce prix, on vous pardonnera.

Vous êtes malades, vous avez un médecin qui vous fait beaucoup de mal et qui ne vous soulage pas : c'est votre faute, vous avez une nature rebelle. N'en accusez pas votre médecin, qui se donne beaucoup de peine, pour avoir le désagrément de ne pas réussir. Mais il se trompe ! Que voulez-vous ? c'est le propre de la faiblesse humaine. Ne doutez pas qu'il n'ait les meilleures intentions, et ne soyez pas assez grossiers pour lui adresser autre chose que des remerciements.

Soyez patients, modérez votre humeur, ne grondez pas ceux qui vous soignent ; c'est pour eux une beso-

gne déjà trop peu agréable, ne la leur rendez pas intolérable. Sachez souffrir en chrétien ; qui ne le veut pas
n'est pas digne de ce nom.

> Surmontez les chagrins où l'esprit s'abandonne ;
> Ne faites rejaillir vos peines sur personne.

Nous devons porter avec résignation et courage toutes les croix que Dieu nous envoie.

Vous êtes, au contraire, obligés de subir les plaintes
exagérées de personnes qui ne connaissent point cette
loi de l'Évangile et qui ne cessent de murmurer contre
tout, contre la société, contre les particuliers, contre
elles-mêmes ? Esprits mal faits, qui vivent de contrarié-
tés et qui murmureraient dans un paradis terrestre !
N'allez pas les contredire, vous ne feriez qu'exciter
leur bile ; mais relevez leur esprit vers le ciel,
par une parole de foi, et laissez-les dans cette bonne
pensée.

Soyez pleins de commisération pour la faiblesse
humaine et soulagez-la autant que vous le pourrez.
C'est à la fois de la politesse et de la charité. Si surtout ceux qui manquent aux bienséances le font par
ignorance ou sans mauvaise intention, pardonnez-
leur gaiement et épargnez-leur jusqu'à la confusion
de faire des excuses ; c'est de la bonté et de la délicatesse.

Ainsi, pendant que le duc de Bourgogne, fils de
Louis XIV et élève de Fénelon, commandait l'armée en

France, un vieil officier qui connaissait mieux son métier que les usages de la cour, vint s'asseoir à la table, sans y avoir été invité. Les courtisans se hâtèrent de l'avertir de sa faute, et le brave militaire allait se lever plein de confusion, quand le jeune prince lui dit obligeamment : « Restez, Monsieur, et dînez avec moi ; je vous apprendrai la cour, et vous m'apprendrez la guerre. »

Si vous êtes dans la compagnie d'un auteur, la politesse veut que vous lui parliez adroitement de ses ouvrages, et que vous paraissiez les avoir lus, si vraiment vous les connaissez. Cet homme est-il un savant, parlez-lui de ce qui fait l'objet de ses études de prédilection ; vous le flatterez innocemment et vous vous instruirez vous-mêmes, en lui fournissant l'occasion de parler de ce qu'il sait. Il pourra s'oublier, s'il a plus d'enthousiasme que d'esprit, mais vous n'y perdrez rien ; prenez patience et croyez que, si vous étiez moins ignorants, vous sentiriez vous-mêmes le noble feu qui l'enflamme.

On dit que les dames savantes sont souvent guindées, maniaques et peu aimables ; mais je connais de grandes exceptions. Une autre dame, à ce propos, se permet de leur faire observer que la simplicité est la coquetterie du génie.

La politesse française veut qu'on honore les dames partout et toujours ; c'est le privilége de leur sexe et une légère rémunération pour les soins de nos mères et de nos sœurs. Connues ou inconnues, quand elles n'ont

pas perdu leur droit au respect, elles doivent être traitées avec les plus grands égards.

Partout on leur offre la place la plus honorable et ce
qu'il y a de meilleur. On ne reste jamais assis, quand
elles n'ont pas de siége, mais on leur offre le sien. On
s'empresse de leur rendre mille petits services, et on
n'en exige pas de reconnaissance.

On respecte leur présence ; les hommes les moins
chrétiens et les plus légers dans leurs discours se tai-
sent immédiatement, lorsqu'une dame vient à paraître.
On ne voit d'exemples contraires que dans les rangs
inférieurs de la société ; encore supposent-ils l'absence
de religion et le défaut d'esprit.

En marchant dans les rues, vous cédez aux dames,
aux vieillards et aux personnes en dignité, le haut du
pavé, c'est-à-dire le côté des maisons ; et si une pluie
survient, vous leur offrez votre parapluie, dont ils vous
laisseront la moitié ; vous les conduirez jusqu'à leur
porte, s'ils ne vous font violence pour l'empêcher ; encore devez-vous résister, s'il pleut assez fort et qu'il s'a-
gisse d'une dame ou d'un personnage très-éminent.
Avec d'autres personnes, moins dignes de cette attention, il est toujours poli de partager son parapluie,
mais on cède facilement à l'invitation de ne pas se déranger beaucoup de son chemin.

Si vous allez deux ensemble et que votre compagnon
salue quelqu'un, vous devez l'imiter, et, s'il s'arrête,
vous arrêter, à moins que vous ne sachiez qu'il a quelque secret à dire, ce qu'il ne fera point sans vous en

demander permission. On s'arrête ordinairement très-peu à parler dans la rue aux personnes de sa connaissance qu'on a rencontrées, et moins encore à converser avec celles qui sont aux fenêtres. En tout cas, le plus digne invite immédiatement les autres à se couvrir.

Sachez vous effacer en traversant la foule qui circule sur les trottoirs, et, s'il a plu, marchez de manière à ne pas faire jaillir de la boue sur les passants, de peur de vous attirer leurs malédictions.

A Paris, si vous avez besoin de demander les rues, adressez-vous, non aux étrangers qui ne savent pas, ni aux marchands que vous dérangeriez, malgré leur politesse connue, mais de préférence aux porteurs qui ont une plaque officielle devant la poitrine, et, sans formules inutiles, dites : *Monsieur, telle rue, s'il vous plaît ?* Le mot de *Monsieur*, comme celui de *Madame*, adressé à des inconnus, de quelque condition qu'ils soient, a toujours des avantages, sans aucun inconvénient.

Lorsque vous voyagez, prenez votre place d'inscription dans les voitures publiques, et si quelqu'un s'en est emparé, réclamez-la comme chose due ; cependant vous devriez l'offrir à une dame ou à un vieillard, si la leur était moins bonne.

Vous n'êtes point tenus de lier conversation avec vos compagnons fortuits de voyage, mais vous devez leur répondre poliment, s'ils vous adressent la parole ; s'ils étaient indiscrets, votre réponse évasive et froide, puis votre silence, leur apprendraient que vous n'avez pas dessein d'en dire davantage. Vous pouvez alors lire, dormir, méditer, ou regarder les sites, sans offenser personne.

Cependant, si vous connaissiez le pays, il serait plus aimable d'en indiquer les lieux remarquables à ceux qui semblent le désirer, pourvu que vous n'imitiez pas ces bavards inépuisables, qui étourdissent tout une voiture de leurs explications et de leurs récits.

Ne parlez ni de vous ni de vos parents, et n'imitez pas ces niais qui se laissent arracher par d'impudents commis-voyageurs toute leur histoire et jusqu'à leurs secrets de famille.

> Ne vous informez pas des affaires des autres;
> Sans air mystérieux, dissimulez les vôtres.

Ne faites jamais rien qui puisse blesser ou gêner les voyageurs, soit au physique, soit au moral; si vous avez la folle habitude de fumer, gardez cela pour le temps où vous serez seul et en plein air, et ne demandez jamais la permission d'incommoder les gens. Si vous avez besoin d'ouvrir ou de fermer les glaces, ne le faites point sans avoir obtenu l'agrément de vos compagnons de voyage.

Si vous tirez de votre sac des sucreries, offrez-en à vos voisins, surtout aux dames, avant d'en prendre pour vous. Ordinairement on les refusera.

Aidez les dames à monter et à descendre, en leur présentant le bras ou le poing, sans vous permettre aucune légèreté.

Si vous voyagez à cheval, cédez le pas et la droite au plus digne, à moins que la poussière ne vole de son côté ou qu'il n'y ait quelque autre incommodité. Car la politesse veut qu'on soit agréable aux autres, et l'esprit chrétien qu'on garde le moins bon pour soi.

Chargez-vous volontiers de commissions pour vos amis, mais ne demandez jamais de service à des supérieurs et rarement à des personnes pour qui vous avez plus de respect que d'amitié; si quelqu'un a bien voulu le faire pour vous, vous lui devez des remerciements, au retour, de vive voix ou par écrit.

Un honnête tailleur de province, qui avait éprouvé la charité de saint Vincent de Paul, lui écrivit à Paris, lorsqu'il était supérieur de Saint-Lazare et conseiller du roi, pour le prier de lui envoyer des aiguilles parisiennes. Le pauvre homme faisait une grosse sottise; mais le bon saint en rit à peine, lui fit acheter avec empressement les aiguilles qu'il souhaitait, et les lui expédia sans retard. Est-il rien de plus aimable que cette bonté, si simple et si chrétienne?

Si vous voyagez en pays étranger, sachez la langue, la valeur des monnaies, les usages, ou ayez un ami qui le sache et qui vous guide; car, sans cela, vous serez infailliblement trompés et vous ferez rire à vos dépens.

En Italie, par exemple, les voituriers n'ont le plus souvent aucune bonne foi. Il faut faire avec eux des marchés écrits, en double, et bien circonstanciés. Si vous stipulez simplement qu'ils vous conduiront à tel endroit, pour tel prix, ils vous mettront dans une mauvaise voiture, avec des voyageurs sur lesquels vous ne comptiez pas, ou céderont leur marché à un autre voiturier dont vous serez très-mécontents. Si votre voiturier se charge de vous nourrir, fixez le nombre des plats, ou bien vous serez indignement traités. Enfin ne donnez pas d'arrhes, mais, au contraire, exigez qu'on vous en donne, comme garantie du marché.

Quels que soient les usages du pays, ne les blâmez ni n'en riez devant les indigènes; on le prendrait mal. Si on vous sert des mets que vous n'aimez pas, efforcez-vous d'y faire honneur, ou bien mangez de ceux que vous aimez, et ne vous plaignez point des autres; car on ne vous comprendrait pas.

Ne vantez point votre pays, vos guerriers, vos littérateurs, vos savants, etc., surtout en les comparant à ceux du pays que vous visitez. On vous soutiendrait peut-être que vous n'y entendez rien, ou du moins on vous trouverait bien mal polis. Soyez donc modestes et dites du bien des productions indigènes, sans établir de comparaison; par ce procédé, vous serez toujours aimables.

Parlez peu et écoutez beaucoup; interrogez ceux qui semblent disposés à vous instruire. Ils seront flattés de vous faire connaître leur pays, et vous y gagnerez d'apprendre des choses que vous n'eussiez pas même soupçonnées.

Quant aux étrangers qui viennent en France, traitez-les avec égards et affabilité ; épargnez-leur les petits embarras de la langue et des usages. Gardez-vous de les tromper, de les ridiculiser ; c'est une sorte de cruauté que la religion a en horreur. Tous les hommes ne sont-ils pas frères ? N'êtes-vous pas chrétiens, et pouvez-vous ignorer les saintes lois de l'hospitalité ? Ne rougiriez-vous pas de descendre au-dessous des musulmans et des païens, qui sont, en pareil cas, généreux et affables ?

Les Français, il faut l'avouer, sont caustiques, moqueurs, et sacrifient trop souvent la charité au plaisir de dire un bon mot. La promptitude de leur coup d'œil, la délicatesse de leur tact, leurs habitudes de politesse, qui pourraient les rendre toujours si aimables, les font redouter des étrangers. Ils ont d'injustes antipathies pour certaines nations. Il suffit, par exemple, pour éveiller toute leur malice, qu'un Anglais arrive pour la première fois des bords de la Tamise, avec une allure empesée et un langage quelque peu singulier ; ils l'attaquent aussitôt, et, sous des formes polies, ils le taquinent, le déchirent. La religion et la politesse ne peuvent trop blâmer un pareil procédé. D'ailleurs nous ne devons pas souffrir, sur ce point, que les étrangers soient plus honnêtes que nous.

Ayez dans le cœur des sentiments de bienveillance

pour tous les hommes, et faites-leur aimer votre religion par les procédés qu'elle inspire.

Plus on aura besoin d'indulgence, pourvu qu'on ait de l'esprit, plus on sera édifié et réconnaissant de votre charité.

Le respect de soi-même n'est pas de l'orgueil, c'est encore le sentiment exquis des convenances sous une autre face. Il prend sa source dans la religion et l'amour du bien, et se produit au dehors par ce qu'on appelle la décence.

Vous parlerai-je d'abord de cette décence qui est la gardienne et le reflet de la chasteté? Je ne vous en dirai qu'un mot; car elle fait si essentiellement partie de la morale chrétienne, que les enfants religieux ne peuvent l'ignorer, ni l'en séparer, ni la regarder comme une simple forme de la politesse.

Respectez vos corps comme les temples du Saint-Esprit, et redoutez-les comme un appât qui cache les piéges de votre plus cruel ennemi. Ne les touchez qu'avec respect ou crainte, et tenez-les toujours couverts, afin que vos yeux ne soient pas séduits. Dieu, qui vous voit partout et toujours, veut que vous honoriez sa sainte présence; et l'ange gardien, qu'il a commis à votre garde, ne doit point avoir à détourner les yeux.

Accoutumez-vous à prendre et à conserver toujours, même en particulier, une attitude décente; il vous en coûtera moins pour l'avoir en public, et il ne vous arrivera point de ces oublis qui font rougir tout une compagnie. N'ai-je pas vu cent fois des jeunes gens mal élevés prendre des postures qui forçaient les personnes chastes à détourner les yeux et qui les faisaient taxer par elles, peut-être à tort, d'âmes avilies et blasées ?

Les façons d'habits qui tendent à faire voir les formes du corps sont des modes inventées par le démon. Elles sont aussi contraires à la morale qu'à la décence : la jeunesse chrétienne ne peut les adopter. Sans juger les intentions de ceux qui les préfèrent, rangez-vous du côté de ceux qui ne les aiment pas. Votre foi et votre honneur doivent être plus délicats.

Un jeune homme qui se respecte est réglé dans sa conduite, rangé dans ses petites affaires, modeste dans son maintien, propre et simple dans ses vêtements, sage dans toutes ses habitudes.

Il se lève de bon matin et toujours à la même heure : pour cela, il ne se couche pas trop tard, sans nécessité, et réserve ses travaux pour le temps plus favorable du matin. Il est exact aux heures des repas, et régulier dans l'emploi de son temps. Ses amusements mêmes sont pris avec mesure, comme il convient et quand il convient.

> Sobre pour le travail, le sommeil et la table,
> Vous aurez l'esprit libre et la santé durable.

On remarque son amour de l'ordre dans l'arrangement de sa chambre, de son petit mobilier, de ses livres; tout y est à sa place : vous ne le surprenez jamais en désordre.

On voit encore, à son ameublement et dans tous les objets à son usage, qu'il a des goûts purs et simples.

Il s'habille convenablement dès le matin : vous ne le verrez point ensuite dans un déshabillé ou dans des postures qui sentent la paresse et le déréglement de l'esprit, comme serait de demeurer les bras nus, les jambes nues, les cheveux mal peignés, son pantalon et ses souliers crottés, ses habits sales et déchirés; de se coucher sur son lit pour travailler, de s'étendre nonchalamment à une fenêtre pour respirer le frais, de se tenir les bras et les jambes dans des poses de polichinelle.

Vous le trouverez toujours occupé; il aime les travaux sérieux, ses livres sont tous instructifs; il ne lit pas de romans et très-peu de journaux; la politique n'est ni de son âge ni de son goût.

Il ne s'amuse que pour se délasser; il est modéré dans tous ses plaisirs. Le dévergondage de certains jeunes gens, leur passion effrénée pour les jeux et les courses, leur dissipation folle, leur étourderie capricieuse et extravagante, ne lui inspirent que du dégoût. Il sent qu'un homme de valeur ne sortira jamais de pareils pantins. Or il veut rendre quelque service à la société, et se sent appelé par Dieu à autre chose qu'à danser et à fumer.

Ne perdez point le temps à des choses frivoles,
Le sage est ménager du temps et des paroles.

Sachez à vos devoirs immoler vos plaisirs,
Et, pour vous rendre heureux, modérez vos désirs.

Je vous avoue, mes chers enfants, que rien ne m'inspire plus de pitié que certains jeunes gens, quelquefois de bonne famille, dont j'apprends l'histoire par vous-mêmes. Ils ne sont point vicieux peut-être, mais ils sont fous. La girouette qui tourne sur leurs maisons est moins agitée que leurs têtes. La réflexion ne s'est jamais assise dans leur cerveau, et l'ordre n'y est jamais entré. Il y a là une ébullition d'idées et de sentiments qui ressemble assez aux jets bizarres d'un feu d'artifice. Ils ne rêvent que bals, chasses, courses, plaisirs. C'est de la fièvre, c'est du délire, c'est de la folie ! Comment souffre-t-on de pareilles extravagances ? A quoi pensent tous ceux qui les aiment ? Ne voient-ils pas où cela les conduit ? à les rendre inutiles, nuisibles, méprisables.

Passons à un autre sujet. Quelle règle faut-il suivre pour sa toilette ? Il faut mettre en premier lieu la propreté, à laquelle la richesse même ne supplée pas ; en second lieu, la simplicité, sans laquelle on se fait toujours mépriser ; en troisième lieu, les convenances de personne et de lieu, dans le détail desquelles je ne puis pas entrer, mais que vous apprendrez dans le monde. Je vous estime trop pour vous croire capables de manquer à cette prudence vulgaire, qui consiste à ne pas exposer sa santé pour une misérable vanité :

vous n'aurez donc jamais d'habits trop étroits, trop légers, malsains.

D'abord, pour ce qui est de la propreté, faut-il vous recommander de vous peigner, de vous laver tous les matins? Ce serait peut-être vous faire injure. Mais vous me permettrez de vous rappeler qu'il faut nettoyer vos dents; car l'hygiène aussi l'exige. Avant de prendre vos habits, faites-en disparaître la boue et les taches. Si vous avez ensuite besoin du secours d'un tailleur, ayez-y recours; mais n'oubliez jamais qu'on n'excuse point un homme bien élevé, qui n'est pas dans la misère, de porter des habits sales et déchirés; on s'en prend à son esprit.

Quant à la simplicité et aux convenances de rang, voici la règle la plus courte : ne vous faites remarquer en rien, j'allais dire si ce n'est par votre modestie, mais je ne veux point encore là d'excès: ce principe est sûr et général. Pour cela, suivez la mode pour vos cheveux, vos habits et tous les accessoires ; suivez-la, ne la précédez jamais ; soyez plutôt en retard. Je veux donc que vous imitiez les personnes les plus modestes de votre rang et de votre âge. Ce dernier point est essentiel pour éviter le ridicule.

Employez, par économie, de bons ouvriers, et payez-les bien; cela suppose que votre dépense ne dépassera jamais vos moyens, et que vous ne vous exposerez pas au péril de voir votre marchand ou votre tailleur apprendre au public que vous leur devez vos habits, quand on vous croyait plus délicats. Ceux qui font des dettes pour leur toilette sont justement méprisés.

On ne pardonne point à un homme d'user de parfums; il n'est plus de mode que les dames mêmes s'en servent. C'est généralement aujourd'hui laissé aux coquettes sans esprit, dont tout le monde se moque en arrière. Que serait-ce donc d'un jeune homme qui s'abaisserait jusque-là?

Rien n'est petit et pitoyable comme la vanité des cheveux et des habits, dans un homme. On la pardonne à une femme, comme une faiblesse, quand elle ne se fait que légèrement sentir. Mais dans un homme, c'est plus qu'une faiblesse, c'est un défaut humiliant.

Le cœur ou l'esprit, souvent le cœur et l'esprit à la fois, sont malades chez l'homme et chez la femme qui mettent une affectation visible dans leur toilette. Car, s'il n'y a pas défaut de jugement, il y a désir immodéré de plaire. Mais, dans tous les cas, comment le vaniteux a-t-il assez peu de sens pour ne pas voir qu'il perd infailliblement l'estime des hommes graves? Mes chers enfants, ne tombez jamais dans de pareilles fautes.

Accoutumez-vous à un maintien modeste et aisé; que la bonté et la droiture de votre cœur reluisent sur votre visage; que la rectitude de votre jugement et la sagesse de vos pensées se montrent dans la régularité et la modération de vos mouvements et de vos gestes. Saint Basile et saint Grégoire jugèrent de Julien l'Apostat, lorsqu'il était encore écolier, qu'il serait un fou et un méchant, rien qu'à voir sa démarche et ses gestes désordonnés, avec la mobilité continuelle de son visage.

Trop de timidité rend embarrassé, gauche, froid, et donne un air sot ou dédaigneux.

Trop de hardiesse ressemble à de l'effronterie, de l'impudence, ou du moins à une présomption offensante, qui est toujours fort mal prise.

Trop de vivacité s'appelle étourderie ou mauvais caractère : dans le premier sens, on passe pour un esprit léger et frivole ; dans le second, pour un homme difficile à vivre.

Trop de lenteur ou de douceur fait accuser d'insouciance, de mollesse, de paresse et quelquefois d'incapacité.

« L'homme colère provoque les querelles, dit le Saint-Esprit, tandis que l'homme patient apaise même celles qui sont excitées. » (*Prov.* xv, 18.)

« La sagesse reluit sur le visage de l'homme prudent, mais l'insensé a toujours les yeux égarés. » (Id., xvii, 24.)

Dans le monde, on juge un jeune homme par les apparences ; il vous importe donc beaucoup, mes enfants, de vous corriger de vos défauts, ne fussent-ils qu'extérieurs. Mais n'oubliez jamais qu'on chercherait vainement à paraître ce qu'on n'est pas, et qu'il faut commencer la réforme par le fond ; quand l'intérieur est ce qu'il doit être, l'extérieur le devient facilement et promptement.

Ne demandez à Dieu ni grandeur ni richesse ;
Mais, pour vous gouverner, demandez la sagesse.

N'ayez point de fierté, ne vous louez jamais ;
Soyez humble et modeste, au milieu des succès.

Au bonheur des humains ne portez point envie ;
N'allez point divulguer ce que l'on vous confie.

Tenez votre parole inviolablement,
Mais ne la donnez pas inconsidérément.

Soyez homme d'honneur et ne trompez personne :
A tous ses ennemis un noble cœur pardonne.

Supportez les humeurs et les défauts d'autrui ;
Soyez des malheureux le plus solide appui.

Soyez officieux, complaisant, doux, affable,
Poli, d'humeur égale, et vous serez aimable.

Si vous êtes laid, boiteux, bossu, ou difforme de quelque autre façon, résignez-vous à voir rire en arrière les gens peu charitables, et quelquefois en face les gens grossiers. Sans doute, c'est une chose vile et injuste que de railler quelqu'un sur ses infirmités ; mais ce serait une chose sotte et plus qu'inutile de s'en affliger, et surtout de s'en fâcher ; mieux vaut se taire ou en rire. Songez seulement à compenser ces désavantages de la forme par des qualités précieuses, et par une affabilité qui vous gagne les cœurs.

Si vous croyez être beau, bien fait, avenant, persuadez-vous d'abord que vous vous trompez de moitié ; puis, que vous n'en valez pas une obole de plus ; puis, que l'orgueil pourrait vous faire valoir mille fois moins. puis, que tout cela peut disparaître au premier jour

11.

par une maladie; enfin, que c'est une très-forte raison pour vous de faire en sorte que l'intérieur ne reste pas au-dessous de l'extérieur, ainsi qu'il arrive si souvent en pareille circonstance.

Ne croyez pas que, pour être plus joli, il faille vous occuper de vos cheveux une heure durant, chaque matin, vous faire pousser de petites moustaches, à force d'onctions, détériorer vos dents avec des acides, avoir une pipe turque à la bouche, une badine à la main, et agiter votre corps d'une certaine façon, qui n'est ni naturelle ni spirituelle. Les dandys passent pour des sots; et l'on est indulgent!

Que dirons-nous de la manie de fumer? Il y a vingt ou trente ans, on fumait peu, mais on prisait beaucoup. La pipe n'était guère tolérée que dans la bouche des marins et des garçons d'écurie. Aujourd'hui, avec le cigare, elle a conquis le droit de cité. Tout le monde fume, même les enfants; il faut bien l'avouer, à la honte de la raison humaine. Car est-il au monde un usage plus absurde? Chacun en convient et personne ne se corrige.

Je ne connais que la Régie des tabacs qui en tire avantage.

En général, pourquoi fume-t-on? Je n'en sais rien, ou plutôt je sais que les jeunes gens fument pour faire *les hommes*, et la plupart des hommes, parce qu'ils ont fumé étant jeunes. Je crois qu'il y aurait pour la jeunesse bien d'autres manières de passer le temps et même de prendre un air original, si elle y tient, sans empester les maisons et sans faire tousser les dames.

Le tabac est un poison qui délecte beaucoup trop de personnes. Je ne parlerai pas de celles qui le mâchent; elles ne font pas partie du monde civilisé. Mais je demande aux priseurs, à leur tour, pourquoi ils prisent. Ils ont pour cela, je le sais, mille raisons. Au lieu de les discuter, disons sans détour que deux seulement sont acceptables : une ordonnance du médecin et une habitude invétérée, devenue une nécessité.

Or, je le demande, des jeunes gens doivent-ils se mettre dans cette déplorable nécessité? Je n'hésite pas à dire non. Qu'y a-t-il de plus inutile? Demandez-le aux personnes de bon sens qui s'en passent. Qu'y a-t-il de plus ridicule que de se poudrer le nez vingt fois par jour? Qu'y a-t-il de plus malavisé que d'attirer l'humeur à cet endroit? Quelques gentilles plaisanteries qu'on fasse au sujet des gouttelettes ambrées qui tombent de votre nez sur vos habits et le reste, ce ne sera jamais chose plus agréable que l'odeur du mouchoir auquel je n'ose penser.

Les fumeurs, se récrie-t-on, répandent une odeur bien plus forte. Leur palais et leur gosier diffèrent-ils beaucoup en cela d'un tuyau de poêle, et leur haleine d'une bouffée nauséabonde rabattue par le vent? Leurs dents jaunes et fétides sont-elles bien agréables à l'œil et leur salive transformée en bave ignoble, qu'ils crachent partout, ne vaut-elle pas ce que nous cachons si discrètement dans notre mouchoir? Oui, oui, cela est vrai; vous êtes tous inexcusables.

Ignorez-vous d'ailleurs que le tabac contient un principe vénéneux très-subtil, qui atteint jusqu'au cerveau? Les médecins vous diront que, prisé ou fumé, il détruit peu à peu le sens de l'odorat et attaque bientôt celui de la vue, ainsi que la mémoire. « L'homme le mieux constitué ne peut, d'après le docteur Sichel, célèbre oculiste de Paris, fumer au delà de vingt grammes de tabac par jour sans s'exposer à devenir aveugle. Il cite un de ses clients à qui ce malheur était arrivé. Heureusement pour lui, sa cécité n'était pas incurable; l'amaurose n'était pas encore complète. » (*Hygiène d'Isabeau.*)

C'est assez et trop de raisons, mes enfants, pour que vous ne contractiez pas une pareille servitude. Contentez-vous des nécessités, hélas! trop nombreuses, qu'impose la nature déchue.

Du reste, il n'est pas permis, en bonne compagnie, d'offrir du tabac à ses voisins, et encore moins de fumer dans les salons. Il n'y a que les personnes sans éducation qui s'imaginent faire une politesse en présentant leur boîte à poison. Si cependant on vous offre de cette poudre et qu'on tienne à vous en faire accepter, ne refusez pas; mais, après l'avoir tenue quelque temps dans vos doigts, laissez-la tomber à terre, quand on n'y pensera plus. Si on vous invite à fumer, répondez que le tabac vous donne des maux de cœur, comme il arrive, en effet, à tous les débutants. Au moins, acceptez très-rarement.

En général, évitez toutes les manies comme indignes

d'un homme raisonnable; il en est d'autres que celle du tabac. Les uns ont la manie des fleurs, la plus innocente de toutes, si une manie pouvait être pardonnable. D'autres ont celle des oiseaux; leur chambre est inhabitable pour quiconque n'aime ni le bruit ni les mauvaises odeurs. D'autres ont la manie des insectes; ils passent les plus précieux instants de leur vie à enfiler de petites bêtes dans des épingles, et croient ensuite avoir bien mérité de la patrie. D'autres sont des amateurs d'antiquailles, et se prosternent devant tout ce qui est vieux ou rouillé; ils prennent le nom sonore d'archéologues. D'autres sont des chasseurs passionnés, qui négligent leurs affaires et celles qui leur sont confiées, pour courir après les lièvres et les perdrix. D'autres sont des joueurs obstinés, qui passent la matinée à réfléchir sur un mauvais coup, à dresser une habile théorie, et la soirée à recueillir le fruit de leurs hautes méditations. Enfin, que dirai-je? Je pourrais signaler bien d'autres travers; le monde en est plein. Mais j'irais trop loin, et me ferais peut-être des ennemis. Concluons : tous ces hommes, qu'ils me le pardonnent! sont plus ou moins fous.

Je voudrais que personne parmi vous, mes chers enfants, ne perdît un grain de son bon sens. C'est quelque chose de si précieux et de si facile à perdre par instants! Un homme de beaucoup d'esprit faisait souvent cette prière : Mon Dieu, donnez-moi le bon sens! Il prouvait qu'il en avait plus que tels et tels, qui s'imaginent n'avoir en ce point rien à souhaiter.

# GÉNÉRALITÉS [1]

---

## VISITES

Les visites nous conduiront à des observations fort importantes, que je n'ai pu ranger convenablement sous aucun des titres précédents.

Parlons d'abord de la nature et du cérémonial des visites.

Il y en a qui portent le nom *d'audience*, elles se font aux grands dignitaires et elles ont dû être sollicitées d'avance. On s'y rend exactement à l'heure fixée, dans la tenue la plus décente. Pour le détail, le meilleur conseil que je puisse vous donner, c'est de vous informer, sur les lieux, de tout le cérémonial. Voici cependant, pour exemple, quelques particularités.

Si vous faites une visite au Pape, vous serez introduits par un de ses prélats camériers; vous devrez faire trois génuflexions : une en entrant dans sa chambre, une au milieu, et la troisième tout près de son siége;

---

(1) Madame de Bradi, madame Celmart, madame Massieu et beaucoup d'autres auteurs modernes.

alors, sans vous relever, vous baisez sa *mule*, c'est-à-dire sa chaussure, sur laquelle vous verrez une croix brodée. Le souverain Pontife vous dira de vous relever, et engagera la conversation. Inutile de vous recommander le respect pour le vicaire de Jésus-Christ, il serait plus nécessaire de vous engager à parler avec calme, d'une manière nette et distincte ; car l'âme catholique a peine à dominer son émotion. Ordinairement on parle italien, ou latin avec la prononciation italienne. Le vénérable Pie IX, aujourd'hui glorieusement régnant, entend le français.

On lui donne le titre de *Saint-Père*, de *Très-Saint Père* ; et on lui parle à la troisième personne : *Votre Sainteté, Votre Béatitude*. On lui demande toujours sa bénédiction avant de le quitter.

On se retire, quand il en donne le signal, point avant. C'est la règle des audiences, que le dignitaire en marque la fin, quoiqu'on pratique le contraire dans toutes les autres visites. On s'éloigne de Sa Sainteté comme on s'en est approché, en faisant trois génuflexions ; on passe de l'une à l'autre sans lui tourner le dos.

Chez les cardinaux, qui sont les égaux des rois, on est aussi introduit par un camérier, par l'entremise duquel on a demandé l'audience ; mais on peut se présenter tout à fait à la française. Toutefois il est d'usage de baiser l'anneau de Son Eminence. On les appelle *Éminence* (en France *Monseigneur* par tolérance), et on dit à la troisième personne : *Votre Éminence m'a fait l'honneur de...* ou bien : *Éminence, vous avez daigné...*

Vous savez qu'on dit aux évêques : *Monseigneur, Votre Grandeur...*

Les domestiques du pape, et surtout ceux des cardinaux, vont ensuite vous faire une visite, si vous leur avez semblé riche et généreux ; cela veut dire qu'il faut leur donner une gratification.

Chaque cour a son étiquette, qu'il faut apprendre. Celle de France a varié, suivant les divers gouvernements. Les audiences d'un empereur ou d'un roi doivent être demandées huit jours d'avance par l'entremise du grand chambellan, qui, dans sa réponse, indique exactement le jour, l'heure et les circonstances qu'il est nécessaire de savoir. Les réceptions communes ont lieu dans certaines salles ou galeries désignées et à des heures marquées. Ordinairement le monarque y passe d'une personne à une autre, à mesure qu'un chambellan les lui présente et les lui nomme. On salue profondément Sa Majesté, on attend qu'elle adresse la parole, on lui répond à la troisième personne, et on ne se retire que sur l'avis du chambellan, en renouvelant le même salut et en évitant de tourner immédiatement le dos. Quand le souverain reçoit en particulier dans son cabinet, la lettre d'audience le spécifie et un chambellan introduit.

Les impératrices et les reines reçoivent dans leurs appartements, et les princes dans leurs salons ou cabinets ; on se conforme d'ailleurs aux termes de la réponse dont on a été honoré.

On doit se présenter en uniforme, si on a le droit

d'en porter un, ou bien en habit noir et en cravate blanche.

Quant au langage officiel, on dit à un empereur ou à un roi : *Sire, Votre Majesté Impériale*, ou *Royale*, et à l'impératrice ou la reine : *Madame, Votre Majesté Impériale* ou *Royale*, et le reste à la troisième personne. En République on dit au chef de l'Etat : *Monsieur le Président*. Aux princes et aux princesses du sang on a toujours dit : *Monseigneur*, ou *Madame, Votre Altesse Impériale* ou *Royale*, etc.

On se retire ensuite au premier signe de Leurs Majestés ou de Leurs Altesses, en les saluant profondément et en marchant un peu de côté, pour ne pas leur tourner le dos.

Chez les ministres et hauts fonctionnaires en France, le cérémonial ne diffère plus de celui des visites très-respectueuses dont nous allons parler. Seulement on dit aux ministres et aux ambassadeurs : *Monsieur le Ministre, Monsieur l'Ambassadeur, Votre Excellence...* On doit dire aux princes et aux princesses qui ne sont point du sang royal : *Mon Prince, Princesse* ou *Madame, Votre Altesse*, etc. Aux maréchaux de France : *Monsieur le Maréchal, vous...* aux généraux : *Monsieur le Général, vous daignez...*

En pays étranger, il est indispensable de se faire bien renseigner sur les usages reçus, quand on doit visiter un personnage.

Après les audiences, viennent les visites de cérémonie, qui ne sont point pour affaires, mais de pure politesse. Elles se font toujours en grande tenue et l'après-midi. Elles se comptent, et se rendent à des distances qu'il faut bien retenir, car c'est ce qui en règle la fréquence ou la rareté.

Entre les visites de grande cérémonie et les visites familières d'amitié, il y a une infinité de degrés, dont nous ne pouvons parler. Les dernières se font plus fréquemment, sans compter, sans cérémonies, et à différentes heures. Cependant il faut éviter de les faire trop matin, et surtout au moment des offices, des repas, des travaux ; car, sur toute chose, il faut craindre l'importunité et l'indiscrétion.

Il y a des visites d'obligation, par exemple, à ses supérieurs et à ses bienfaiteurs, au premier de l'an ; et des visites de simple convenance, mais qui souvent ne sauraient être omises, par exemple, après un service rendu, une invitation, une naissance, un mariage, une mort, une promotion, une destitution, un événement heureux ou malheureux de quelque gravité ; ces dernières sont dites de félicitation ou de condoléance, et demandent que l'on rie avec ceux qui rient, et que l'on pleure avec ceux qui pleurent.

Au premier de l'an, dit madame Celnart (1), les visites de la veille sont plus polies, celles du jour plus intimes, et celles de la semaine ou du mois plus froides. Dans aucune, on ne souhaite la *bonne année*, une *par-*

_________

(1) *Manuel de la bonne compagnie.*

*faite santé* et *l'accomplissement de tous les désirs*. On se contente de le penser.

On ne peut se dispenser de faire des visites et d'en recevoir, si on est dans le monde et qu'on ne veuille pas être traité de sauvage. Ceux qui n'en rendent point ne tardent pas à n'en plus recevoir. C'est justice.

La toilette doit être soignée pour toutes les visites qui ne sont pas familières, et les gants sont de rigueur. On n'en porte pas dans les audiences, chez les hauts supérieurs.

Quand on ne trouve pas les personnes qu'on veut visiter, on laisse une carte, après en avoir plié une corne, pour marquer qu'on s'est présenté en personne.

On peut exprimer quelque regret aimable, ou demander des nouvelles de la santé des maîtres, au domestique qui a répondu : *Monsieur et madame n'y sont pas ;* mais il faut bien se garder de prétendre qu'ils y sont, lors même qu'on aurait des raisons pour le croire. Si surtout on les entendait ou apercevait, ce serait un motif de plus pour n'exprimer aucun doute et pour se retirer promptement, après avoir remis sa carte.

Les cartes les plus simples sont celles qui conviennent le mieux à un homme, et même aux dames, à qui l'on pardonne cependant les enjolivements ; mais on regarde comme les plus convenables celles qui sont vernies et qui portent le nom imprimé.

Il n'est pas d'usage qu'on mette le mot *Monsieur* ni la lettre *M* devant son nom, quoiqu'on mette celui de

*Madame,* à moins qu'il ne s'agisse d'une carte collective pour des époux : *M. et Mme****. Toutefois, on met son titre : *le Comte de****, *l'Abbé****, *le Général****.

Les visites que l'on fait en déposant simplement soi-même sa carte, sans demander à voir personne, sont un simple souvenir et un froid hommage. Celles qui se font par l'envoi d'une carte sont encore plus froides.

Après avoir sonné ou frappé doucement, vous entrez; vous passez vos pieds sur le paillasson, et, si vous ne voyez pas de domestique, vous ouvrez la première porte.

Si vous ne trouvez personne, rentrez dans l'antichambre, et attendez qu'un domestique vous introduise.

Vous avez dû laisser dans cette antichambre manteau, parapluie, etc. Ne gardez que votre chapeau.

Pendant que vous attendez au salon, vous pouvez regarder les cadres, les objets d'art, mais ne touchez à rien, et gardez-vous de lire les papiers qui seraient ouverts sur la table ou la cheminée; il ne convient même pas de lire l'adresse et le timbre des lettres qui partent ou qui arrivent. Je croirais vous faire injure en vous recommandant de ne pas ouvrir les placards, tiroirs et coffres, auxquels on aurait laissé la clef : c'est trop grossier.

A l'arrivée des maîtres de la maison, vous vous avancez, le chapeau à la main, et vous saluez d'abord la maîtresse, puis les autres dames, ensuite les messieurs.

Les hommes saluent en s'inclinant, sans redresser la tête, et les dames comme elles ont dû l'apprendre de leurs *bonnes* ou d'un maître de danse.

On n'embrasse point ses supérieurs, à moins qu'ils n'y invitent, ni les personnes avec qui l'on n'est pas familier.

On demande des nouvelles de la santé à ses amis et aux supérieurs qu'on traite comme amis. On ne dit plus : *Jouissez-vous d'une bonne santé?* mais *Comment vous portez-vous? — Vous me semblez vous bien porter?* ou quelque autre banalité, à laquelle on répond toujours par un remerciement, ou bien par une question toute semblable. Une dame ne demande pas ordinairement à un monsieur des nouvelles de sa santé, mais plutôt de celle de sa femme ou de sa sœur, à moins qu'il ne soit âgé ou malade. Jamais on ne profite de la circonstance pour se laisser aller aux plaintes et pour exposer ses infirmités, quand même on serait visiblement malade, à moins qu'il ne s'agisse d'une visite de condoléance *ad hoc*. Encore un chrétien ne doit-il guère parler qu'à Dieu de ses souffrances, pour éviter d'attrister ses amis. Efforcez-vous d'être toujours gais et aimables; vous aurez le double mérite de la patience et de la charité.

On se contente de présenter ses hommages, son respect, aux supérieurs très-élevés et aux personnes peu connues, à plus forte raison aux fonctionnaires qu'on voit très-rarement, pour affaires.

Les visités s'empressent d'offrir des siéges et de les

approcher; c'est surtout le devoir des enfants de la maison, s'ils sont présents. On se hâte de leur en éviter la peine. Les dames et les plus dignes prennent les meilleurs fauteuils, et les jeunes gens des chaises. On se place du côté de la porte, laissant le fond de l'appartement aux personnes qu'on visite.

En hiver, les places les plus honorables sont aux coins de la cheminée, et les moins estimées celles qui sont en face du feu ; c'est aux dernières qu'on doit se mettre, si l'on n'est pas positivement invité à monter plus haut. Il y a des écrans pour quelques-uns, mais n'en prenez qu'après que tous en auront.

Un jeune homme s'assied le dernier et tient son chapeau sur ses genoux, avec sa canne dans ses mains, s'il l'a conservée, sans se pencher ni en arrière ni en avant, mais en gardant un maintien simple et naturel.

Dans les visites de grande cérémonie, on vous laissera entre les mains votre chapeau, votre canne. Mais si, dans une visite de demi-cérémonie, on vous invite à les déposer, si surtout on veut vous les ôter des mains, placez-les dans quelque coin peu apparent; toutefois ne mettez jamais votre chapeau sur un lit ou sur une cheminée, car les dames elles-mêmes ne doivent pas le faire, mais plutôt sur une chaise ou même sur le parquet. Evitez surtout de faire un train à troubler toute la compagnie, comme le font certaines gens d'importance. Soyez plus modestes.

Lorsqu'on est assis, on peut demander des nouvelles

de la famille, mais il ne faut pas entrer dans un détail excessif, comme ce mauvais plaisant qui disait : *Et votre oncle ? Et vos neveux ? Et vos cousins ? Et vos amis ? Et vos chevaux ? Et vos petits chiens ? Je suis enchanté que toute votre maison se porte bien.*

Lorsque la conversation sera engagée, si vous êtes jeunes, écoutez-la avec une sorte de respect, sans vous y mêler ; ne paraissez pas vous ennuyer, ne regardez pas autour de vous, ne remuez pas inconsidérément les pieds et les mains, ne riez pas aux éclats, enfin ne commettez aucune des fautes que nous avons signalées dans la première partie, et songez bien que tout le monde vous jugera sur votre maintien.

Si l'on arrive, par accident, au moment d'un repas, d'un départ, d'un dérangement, on ne reste que quelques minutes, malgré les instances que font les maîtres de la maison, qui doivent toujours paraître charmés de la visite.

En général, les visites de cérémonie sont très-courtes, d'un quart d'heure au plus. Sitôt que les visités laissent tomber la conversation, on se lève et on fait ses adieux. Si l'on est retenu par des instances très-vives, on peut céder quelque temps ; mais il ne faut pas s'y méprendre, toutes les instances ne sont pas sincères : savoir se retirer avant d'ennuyer est un point capital. Du reste, il vous sera facile, quand vous aurez quelque expérience du monde, de voir sur les figures le moment où la visite sera trouvée suffisamment longue.

Le maître de la maison donne le bras à la première dame, s'il faut descendre un escalier, et l'accompagne jusqu'à la porte où se font les adieux.

Si d'autres visiteurs arrivent, levez-vous et sortez comme en vous esquivant, quelques instances qu'on vous fasse; prétextez une raison et prenez la porte, sans vouloir qu'on vous conduise. On vous reconduira cependant, si vous êtes plus digne que les arrivants. Souvent, pour tout concilier, une personne de la famille se détache, ouvre la porte et vous accompagne, au moins des yeux, jusqu'au bas de l'escalier, si vous l'empêchez de descendre avec vous.

Dans les visites familières, si les nouveaux venus se joignent aux visités pour vous presser de rester, vous pouvez le faire; mais vous ne tarderez pas à vous lever, et vous ne devriez céder une seconde fois qu'à une sorte de violence.

Lorsqu'une dame entre, tout le monde se lève; si c'est un monsieur, les hommes seuls se lèvent avec la maîtresse de la maison, qui reçoit les premiers saluts de l'étranger, et ensuite les autres dames à demi, à mesure qu'il les salue.

Le nouveau venu ne tarde pas à se retirer, après avoir salué la maîtresse en particulier et la compagnie collectivement.

Si l'on apporte une lettre à quelqu'un, il ne l'ouvre pas; on l'y invite, il refuse, à moins de raisons extraordinaires; et alors, il demanderait la permission de la lire.

Si vous passez un objet devant une personne, ou si vous la heurtez, dites promptement : *Je vous demande pardon*. Lui eussiez-vous fait beaucoup de mal, elle vous répondra : *Ce n'est rien*.

Autrefois, ainsi qu'il se pratique encore parmi le peuple, on offrait *à rafraîchir*. Aujourd'hui cela ne se fait plus que par exception, dans les grandes chaleurs, où l'on présente quelquefois du sirop ou de l'eau à la glace, et dans les circonstances où les visiteurs sont évidemment fatigués.

C'est aux dames, avant les messieurs, et à la personne la plus qualifiée, de donner le signal du départ. On se lève, on salue, on part de suite, sans s'arrêter debout à parler, puis on fait un second et dernier salut à la porte.

On ne dispute pas aux portes pour passer; tous cèdent le pas à la dignité, à l'âge et au sexe; les demoiselles vont après les dames. Dans les escaliers, le côté le plus digne et le plus commode ordinairement est celui du mur. Mais si l'on rencontre quelqu'un qui aille vite, le mieux est de se ranger du côté où il n'est pas.

On reprend ses bagages dans l'antichambre; les domestiques doivent aider les visiteurs et se montrer empressés.

Les personnes qui n'ont point de salon doivent tâcher d'avoir au moins une salle qui ne soit pas la cuisine et suppléer par leur franche cordialité à ce qui leur manque du côté de la richesse. Qu'elles n'en soient ni confuses ni déconcertées! La pauvreté est honorable, quand elle n'est pas la peine du vice; et, aux yeux des hommes sensés, rien ne vaut les qualités d'un cœur franc et généreux.

Cela étant dit sur le cérémonial des visites, venons-en à la conversation, qui en est l'âme et le point le plus difficile. Le Saint-Esprit a dit que l'homme qui ne pèche pas par la langue est un homme parfait. Rien n'est plus vrai. Aussi a-t-il donné sous toutes les formes l'avis suivant : Celui qui garde sa bouche garde son âme; mais celui qui est inconsidéré dans ses paroles, en ressentira beaucoup de maux (Prov., XIII, 3).

C'est pourquoi, mes enfants, vous ne devez pas regretter de n'avoir à parler que pour répondre, pendant que vous êtes jeunes. Mais il viendra un temps, et il est proche pour quelques-uns, où vous aurez à faire une partie des frais, quelquefois tous les frais de la conversation. Retenez donc bien les principes suivants :

La médisance et la critique des absents doivent être à jamais bannies des entretiens, comme étant condamnées par la loi de Dieu et par tout ce qu'il y a de plus fondamental dans la bienséance.

A défaut de votre conscience, votre intérêt personnel vous interdirait ce mauvais genre; car vous verrez peut-être rire beaucoup trop des traits piquants et des fines plaisanteries d'un moqueur; mais vous apercevrez bientôt qu'on le redoute pour soi-même et qu'on l'écarte ensuite avec précaution.

On peut s'amuser des récits d'une commère spirituelle, qui se raille de ses voisines, même de ses amies ; mais on ne s'expose pas longtemps à son indiscrétion et à sa malice.

Le monde est méchant, cruel même ; mais il a le sentiment de la justice, et surtout celui de son intérêt personnel.

La religion, qui vous préservera de ces défauts, mes enfants, vous dictera encore ce que la charité doit faire en face des médisants : laissez-leur voir, par votre froideur et votre inattention, que vous ne goûtez pas leur langage. Si vous êtes chez vous et qu'ils ne vous soient pas trop supérieurs, imposez-leur adroitement silence, soit en changeant de matière, soit en les avertissant directement. Si vous êtes chez eux et qu'ils ne cessent pas, dites que vous êtes pressés, et retirez-vous. Faites de même partout, si vous n'avez pas auprès de vous quelqu'un avec qui vous puissiez vous distraire. En tout cas, si vous savez du bien des personnes dont on dit du mal, faites-le connaître avec un ton et un air qui soient compris.

Faut-il flétrir ici le mensonge, les indiscrétions, les mauvaises plaisanteries, les mots à double sens et capables d'alarmer la pudeur, les railleries amères contre les personnes inoffensives, les paroles vives et les injures, les grossièretés, l'esprit de contradiction et de taquinerie ? Les dénoncer, c'est en inspirer l'horreur.

Est-il possible que les hommes se voient et se parlent, si de pareils vices ne sont pas bannis de leurs entretiens ? Et n'est-ce pas aux fidèles enfants de l'Eglise de donner sur ce point l'exemple de la charité et de la décence à tous les hommes du monde?

Vous ferez plus, vous accueillerez très-mal tous ces oublis de l'honneur et des convenances, afin que les coupables lisent leur condamnation sur votre visage. N'ayez pas plus de respect humain en cela qu'en religion. Cacher une noble pensée ou une juste improbation, quand il est nécessaire de la montrer, c'est manquer à un devoir; rire bassement d'une parole ou d'un acte coupable, et paraître y applaudir, c'est une indigne lâcheté et une humiliante hypocrisie.

Voilà pour l'honneur et la conscience. Ce n'est pas assez pour votre propre conduite. Voulez-vous n'être jamais blessants dans vos joyeusetés, ne parlez qu'avec une extrême réserve devant les personnes que vous ne connaissez pas. Car vous pourriez faire des réflexions fort justes, qui seraient une censure pénible pour l'une d'elles, émettre des opinions littéraires ou politiques qui vous susciteraient des querelles, éveiller des souvenirs qui affligeraient profondément ceux qui vous écoutent. Soyez donc prudents et discrets; étudiez votre auditoire, avant de vous mettre à l'aise. On regrette plus souvent d'avoir trop parlé que trop peu.

« Parlez peu, pensez bien, et gardez vos secrets. »

« Un insensé qui garde le silence passera pour sage, nous dit Salomon » (Prov., XVII, 27).

Voulez-vous être aimables, ne montrez pas trop votre esprit. « Portez votre savoir dans une poche particulière, dit Chesterfield, comme votre montre, que vous ne tirez point et que vous ne faites point sonner uniquement pour faire voir que vous en avez une. » Mais sachez vous oublier et demeurer dans l'ombre, laissant volontiers briller le mérite des autres.

Laissez parler ceux qui aiment à se faire écouter. Les personnes spirituelles et vaniteuses, malgré leur finesse, ne savent pas assez modérer l'excessif désir qu'elles ont de se faire remarquer. Cet amour-propre les rend souvent injustes et jalouses. Il y en a qui ne pardonnent point qu'on les éclipse, et très-peu savent cacher le plaisir qu'on leur donne en les faisant paraître. Elles paient cette générosité par leur estime et par des louanges.

Racine, révélant à son fils le secret qui lui avait fait tant d'amis et qui rendait sa conversation si aimable, lui disait : « Je parlais peu, et je songeais moins à laisser paraître mon esprit qu'à faire briller celui des autres. »

Ne contredisez personne, quand il s'agit de bagatelles; gardez votre inflexible amour de la vérité pour les circonstances où elle est vraiment intéressée. Pourquoi, sans besoin, donner de la peine aux gens et se faire des ennemis?

Je ne vous conseille pas, pour cela, de dire alternativement le pour et le contre; il ne faut jamais parler contre sa pensée. Mais on peut se taire ou répondre d'une manière évasive, et n'approuver positivement que ce qui nous semble le mériter.

12.

Votre patience sera souvent exercée par les impertinences et les ridicules dont la conversation fourmille. Il faut en prendre votre parti, et vous résigner d'avance à laisser dire mille sottises sans portée, plutôt que de vous susciter des querelles fort inutiles. Choisissons quelques exemples :

Vous rencontrerez des hommes exaltés et trop exclusifs dans leurs opinions politiques ; laissez-les dire et concédez-leur ce qui vous paraît vrai, sans leur tenir tête sur le reste.

Vous entendrez des philosophes de profession, qui ne trouveront de bon sens dans la tête d'aucun de leurs adversaires ; car leur faible connu est de ne s'accorder trop souvent avec personne, et de s'imaginer que la vraie science n'est au complet que dans leur cerveau : rendez hommage à ce qu'il y aura de juste dans leurs raisonnements, et ils seront satisfaits.

Vous trouverez des littérateurs et des artistes tranchants, qui auront en abomination ce qui leur déplaît, et qui rendront une sorte de culte à ce qui est de leur goût : reconnaissez les défauts qu'ils vous signalent et les beautés qu'ils vous révèlent. C'est assez pour les contenter. Ils s'écrieront : C'est affreux ! c'est adorable ! Vous ne direz rien, mais vous continuerez à penser simplement : Il y a des défauts, il y a des beautés. Ce sont des malades que la mort seule guérira, vous seriez bien fous d'entreprendre de le faire.

Vous aurez l'honneur de vous trouver en face de

quelqu'un de ces graves parleurs qui vous regardent avec une sorte de solennité, ouvrent leur docte bouche et vous instruisent de ce qu'a découvert leur haute raison; gardez votre sérieux, ils ne vous pardonneraient pas de rire de leur pédantisme. Vous rencontrerez d'autres grands parleurs, je veux dire d'intarissables bavards, qui ne vous laisseront pas, entre leurs alinéas, l'espace nécessaire pour placer un mot, et qui ne s'arrêteront pas même lorsque vous prendrez la liberté d'essayer quelque intercalation; votre rôle se réduira à sourire, à hocher la tête, à dire un oui, un non : il faudra cependant vous résigner un moment, mais vous profiterez du premier incident pour vous échapper.

D'autres fois, ce sont des plaisants qui ne savent parler qu'en pointes et en calembours ; on peut en rire pendant un quart d'heure ; mais plus longtemps, c'est impossible : la figure la plus complaisante se refuse au sourire, elle ne peut plus que grimacer. Il faut alors trouver un prétexte pour fuir, sans offenser.

Dans une autre rencontre, ce sont des gens mélancoliques, des femmes qui se sont crues indisposées tous les jours de leur vie, et qui n'ont que des histoires décourageantes et lamentables à vous raconter. Il faut toute la charité d'un chrétien pour écouter tant d'esprits bizarres, sans leur laisser voir combien ils sont fous et désagréables; mais enfin il faut l'avoir. Supposez, pour vous donner la patience, que Notre-Seigneur devait être encore bien plus ennuyé des hommes avec lesquels il vivait, quand il voyait à découvert leurs secrètes pensées.

Lorsque vous aurez affaire à des personnes moins insupportables, poussez la prévenance jusqu'à les faire parler sur ce que vous savez être de leur goût; et écoutez-les bien, je ne dis pas sans vous ennuyer, mais sans en laisser rien voir, sans bâiller; infailliblement vous serez trouvés aimables.

Votre complaisance peut-être heurtera un écueil dangereux. On vous racontera parfois des histoires incroyables; alors vous courrez risque de blesser le conteur, si vous vous récriez, ou de passer pour un sot, aux yeux de l'assemblée, si vous y paraissez croire. Que ferez-vous donc? Vous paraîtrez surpris, mais avec réserve ; vous émettrez quelque exclamation dubitative, mais avec plus de réserve encore, et chacun vous comprendra.

Vous savez qu'on ne dément jamais personne; c'est un principe fondamental. S'il faut rectifier une erreur, on exprime simplement un doute, on demande la permission d'exposer comment on entendait la chose, et on s'en remet au jugement de celui qu'on craint de blesser.

Quoiqu'il soit très-impoli de couper la parole à quelqu'un qui parle, on peut sans inconvenance laisser échapper des exclamations ou entremêler de très-courtes questions, qui ne sont que des marques d'intérêt et qui produisent l'effet des gouttes d'eau jetées sur un brasier ardent : elles excitent le feu davantage.

Mais ne vous récriez pas sur des riens ; ne soyez excessifs ni dans votre admiration, ni dans votre horreur, ni dans votre sympathie, ni dans votre aversion ; ne faites que peu de gestes, et prenez garde à l'air pantin. Il ne convient pas davantage de ressembler à un automate, qui ne remue ni tête ni bras ; car la nature veut une gesticulation, mais très-modérée.

Si un maladroit ou un accident interrompt celui qui a la parole, c'est une politesse de le remettre ensuite sur la voie : *Vous disiez donc que...*

Il ne faut jamais faire répéter ce qu'on n'a pas entendu, à moins qu'il ne s'agisse d'une affaire qu'il faille absolument comprendre ; alors on demande pardon d'être obligé de le faire.

Si vous êtes distraits et qu'on s'en aperçoive, si vous entendez mal, ou s'il vous échappe quelque étourderie, faites immédiatement vos excuses et rentrez dans les convenances.

Ne soyez point trop empressés de parler et de répondre.

« Celui qui répond avant d'écouter, fait voir qu'il est insensé, » dit un proverbe (Prov., xviii, 13).

> Sans être familier, ayez un air aisé ;
> Ne décidez de rien qu'après l'avoir pesé. »

Lorsque vous racontez quelque chose, ne soyez pas trop longs, défiez-vous du désir que vous avez de parler, et consultez les visages de vos auditeurs.

Dites des choses opportunes et non celles qui vous

viennent à tort et à travers; il y a tel bon mot qui sera charmant dans une circonstance, et qui ne sera que insignifiant ou même inconvenant en telle autre.

Craignez l'exagération, tenez-vous toujours dans le naturel et dans le vrai. Ne dites pas de tout ce qui vous semble faux, que c'est absurde ou ridicule, ni de tout ce qui vous semble vrai, que c'est parfait ou merveilleux ; car vous feriez peut-être croire que vous avez plus d'imagination que de jugement.

Si vous donnez des marques d'amitié, ne faites pas de folles protestations : *A la vie, à la mort, dût-il m'en coûter ma fortune...*; si vous faites des excuses, ne soyez ni au *désespoir*, ni *dans la désolation*, mais soyez simplement *contrariés*, *peinés*, ayez *du regret*. Si vous adressez des compliments, faites-les avec beaucoup de délicatesse, et ne donnez pas de coups d'encensoir par la tête. Les éloges les plus spirituels et les plus flatteurs sont ceux qu'on fait sans paraître y penser, comme disant simplement la vérité.

Ne parlez jamais de vous, quand ce n'est pas nécessaire; car, vous n'en pouvez souvent dire ni bien ni mal, sans être accusés de vanité.

Soyez à peu près aussi délicats relativement à votre famille, et n'imitez pas cet homme d'une certaine éducation, qui avait toujours des histoires à raconter de son *respectable père et de sa vénérable mère*. L'orgueil s'y glisse avec tant de facilité !

Les personnes honnêtes vous parleront de vos parents et de vous; elles auront surtout la délicatesse de vous demander des nouvelles d'un absent, auquel elles savent que vous vous intéressez extrêmement. Soyez-en reconnaissants, mais ne demeurez pas longtemps sur ce chapitre; car, tout en paraissant souhaiter et goûter vos réponses, on vous jugerait bientôt avec méchanceté, si vous dépassiez les bornes.

Ne croyez pas que les précautions oratoires donnent le change à la critique. Le monde sait parfaitement démêler, sous le voile des mots, la vanité qui le fait agir lui-même en tant de circonstances. Il a même remarqué malicieusement, comme l'observe madame Celmart, que les menteurs disent toujours : *Je vous assure, — vous pouvez m'en croire;* les bavards : *En un mot, — ainsi donc, — pour en finir;* les exaltés : *Sans exagération;* les orgueilleux : *Sans me vanter, — quand ce serait un autre que moi, — ce n'est pas parce que c'est mon frère ou mon fils, mais...*

Ne laissez jamais voir de prévention, de rancune, de haine, si vous avez le tort d'en avoir; on s'en apercevrait au premier coup, et vous seriez jugés avec la sévérité dont vous usez vous-mêmes.

> « Jamais ne parlez mal des personnes absentes ;
> Badinez prudemment les personnes présentes. »

> « Reprenez sans aigreur, louez sans flatterie,
> Ne méprisez personne, entendez raillerie. »

Ne dites jamais rien qui puisse blesser ou déplaire, même légèrement; la manie des pointes ne fait pas d'amis et fait beaucoup d'ennemis. Évitez de même les calembours, qui sont le passe-temps des petits esprits, et l'esprit des gens sans éducation.

Tâchez de n'en pas faire d'injurieux par inadvertance, et ne vous permettez jamais de comparaisons malséantes, surtout quand vous les appliquez aux personnes qui vous écoutent.

S'il vous arrivait d'offenser quelqu'un et d'avoir un tort véritable, n'ayez point recours à de vaines excuses; demandez noblement pardon. Vous le satisferez et vous gagnerez plus par votre généreuse franchise, que vous n'aurez perdu par votre faute.

Si, au contraire, quelqu'un vous offensait, réprimez le mouvement de colère qui surgit spontanément dans le cœur, et répondez avec d'autant plus de calme que votre adversaire a mis plus de vivacité; vous aurez raison aux yeux de tous, et vous le calmerez lui-même. « Une parole douce apaise la colère, dit la sainte Ecriture; des paroles dures excitent la fureur » (Prov., xv, 1).

Répondez à une injure par une politesse, et vous vous en trouverez toujours bien. Un haut personnage, ayant voulu causer du chagrin à M. de Turenne, maltraita grossièrement un de ses gardes. Mais l'habile maréchal, au lieu d'écouter le plaignant, feignit de croire qu'il avait manqué gravement à ce gentil-homme et le lui fit conduire pour lui faire des excuses. Celui-ci, surpris et confus, dit à ce pauvre garçon, en lui remettant quelques pièces d'or : « Rapportez à votre maître qu'il sera toujours sage et moi toujours fou.»

Apprenez les formules honnêtes, qui ne sentent pas l'affectation ni la trivialité. Servez-vous souvent des mots : *J'ai l'honneur de...*; ils imposent une certaine réserve, qui empêche que le ton ne s'abaisse trop. Distinguez bien la différence qu'il y a entre : *Faites-moi l'honneur* et *faites-moi le plaisir*.

L'impératif ne convient point dans la bouche des inférieurs et rarement dans celle des égaux. Ainsi : *Donnez-moi* est impérieux; *veuillez me donner* l'est aussi; *ayez la bonté de me donner* l'est encore; *auriez-vous la bonté de me donner* ne l'est plus. Employez cette formule dubitative avec toutes les personnes que vous respectez. *Je vous prie, vous supplie*, va partout. *Bonjour* est très-familier; *je vous salue* est fort dégagé; *j'ai l'honneur de vous saluer* est toujours convenable.

Si vous n'avez pas entendu, ne dites jamais : *Hein? quoi?* J'ai vu des personnes de distinction s'oublier étrangement en cela.

Le tutoiement est interdit en bonne compagnie; on dit *vous* à ses amis les plus intimes. Il est également interdit dans toutes les bonnes maisons d'éducation, comme une inconvenance et un principe de mauvais esprit.

Donnez à tout le monde, ainsi que je vous l'ai déjà dit, les titres de *Monsieur, Madame, Mademoiselle* (et jamais *Mam'zelle*), à moins que vous ne vous adressiez à des personnes de la campagne, qui préfèrent d'autres qualifications reçues dans le pays.

Si l'on ne doit pas répondre *oui* et *non*, sans y joindre le mot de *Monsieur, Madame, Mademoiselle*, il ne faut pas non plus y ajouter le nom propre, mais on y ajoute très-bien le titre : *Oui, monsieur le Comte; non, madame la Duchesse.* On doit même le faire souvent, pourvu que cela ne sente point l'affectation.

A un religieux, on dit : *Mon Père*, et plus poliment : *Mon révérend Père*, ou bien : *Mon Frère*, jamais M. le Frère; à une religieuse : *Ma Sœur*, ou *Madame.*

On ne dit point, en parlant d'une personne présente : *Il, elle a fait cela*, mais bien : *Madame de Champagny, Madame Raymond a fait cela.* Ne dites pas d'un absent, sans ajouter le nom : *Madame, Mademoiselle a fait cela*, — *je vous prie de dire à Madame*, — *offrez mes respects à madame*, c'est le style des domestiques.

Les époux peuvent se nommer, en parlant l'un de l'autre; c'est du grand ton : *Monsieur de la Palisse, madame de Rotrou;* ou bien s'interpeller par leur petit nom, ce qui est un peu plus intime. Mais familièrement ils disent : *Mon mari, ma femme;* les mots d'époux et d'épouse sont réservés pour la poésie ou pour l'usage du *bourgeois gentilhomme.*

Quand on s'adresse à quelqu'un avec qui l'on n'est pas extrêmement familier, on dit toujours, en parlant de ses parents : *Monsieur votre père, madame votre* mère, *mademoiselle votre sœur.* Pour les parents éloignés, il vaut mieux les appeler par leur nom : *Monsieur de Raylon, madame de Tarly, mademoiselle Elisa.*

Remarquez que le mot *fille,* sans qualificatif, est aujourd'hui pris en mauvaise part; évitez-le, et dites *Mademoiselle Marie,* ou du moins *Mademoiselle votre fille.*

Mais soi-même on ne dit pas : *Monsieur mon père, madame ma mère,* etc. On dit bien : *Mon oncle Damis, ma cousine Charlotte.*

On peut user, à l'égard des dames, de la forme consacrée pour les princes et seigneurs, qui consiste à leur parler à la troisième personne : *Monseigneur voudrait-il? Madame me permettrait-elle?* Mais ce n'est de rigueur que pour les domestiques.

En Italie on dit : La Colonna, la Borghèse; mais en France, ce serait de la dernière grossièreté.

Enfin, pour finir par où nous aurions pu commencer, faites disparaître de votre langage les locutions impropres ou triviales, que la négligence et l'habitude y ont peut-être glissées. Car il faut, avant tout, parler français et honnêtement. Rien n'est propre à faire perdre la considération comme un langage grossier, qui semble avoir été appris dans la rue; et rien ne rend ridicule comme ces vieilleries et ces locutions populaires, qui reviennent à chaque instant dans la bouche des personnes peu délicates : *Ce n'est pas l'embarras, — faites excuse, — cela m'embête, — il fait les cent coups. — Comme ça, — qui dit, — au bout du compte, — je m'en fiche*, etc.

Si vous avez des vices de prononciation qui vous empêchent d'articuler certaines lettres, si vous bredouillez, si vous avez un débit lourd, nasillard, guttural, si vous ayez un accent désagréable, ou d'autres défauts analogues, votre premier soin doit être de vous en corriger, en vous faisant aider par une personne capable de vous diriger (1).

La règle générale qu'il faut suivre pour bien prononcer et bien parler, c'est d'imiter les personnes de bonne compagnie qu'on cite comme des modèles; il n'y a point de grammaire qui vaille leurs leçons; soyez assez observateurs pour en profiter.

Si vous devez un jour être des prédicateurs, des avocats, des orateurs parlementaires, vous reconnaîtrez avec plaisir que les habitudes du langage correct, du bon ton, des bonnes manières, que vous aurez acquises dans la conversation, favoriseront merveilleusement vos succès dans ces diverses carrières.

(1) Voyez, sur la prononciation, *Principes de lecture publique et de déclamation*, par le R. P. Champeau. (Chez Lecoffre et Cᵉ, libraires, à Paris.)

# REPAS

En se tenant bien et en parlant peu, un jeune homme peut sortir honorablement d'une visite où ses parents l'ont conduit. Mais dans un repas, il faut nécessairement qu'il agisse lui-même et qu'il laisse voir son savoir-faire; vous avez donc besoin d'apprendre et de bien retenir tout ce que l'usage a consacré chez les personnes de bon ton.

Comme vous serez un jour des maîtres de maison, et que j'ai besoin de suivre un certain ordre, permettez-moi de commencer par l'invitation et de passer successivement en revue les diverses circonstances d'un repas de cérémonie. Je ne parlerai point spécialement des repas familiers, qui sont plus simples, parce que les mêmes règles de politesse y doivent être observées, à très-peu de modifications près.

Il y a des repas de dames ou de messieurs exclusivement, et des repas de dames et de messieurs à la fois; mais, dans tous, il ne faut inviter que des personnes qui se plaisent ensemble, à moins que ce ne soient des dîners diplomatiques, ou qu'on ait des raisons particulières pour agir autrement.

L'invitation se fait au moins quelques jours avant, de vive voix, par une visite, ou par un écrit, dans la forme suivante : *M*** prie M*** de lui faire l'honneur de venir dîner chez lui* (le jour et l'heure). On ajoute ces lettres au bas : R. S. V. P. (répondez, s'il vous plaît). On ne signe pas. Vous y répondez ainsi : *M*** aura l'honneur de se rendre avec empressement* (ou autres paroles aimables) *à l'invitation de M***.* On met la date en abrégé ou simplement le jour, *lundi, mardi.* Si vous refusez, vous écrivez promptement une lettre d'excuse, en exprimant une bonne raison et des regrets, afin que l'on ne compte pas sur vous. Quand il n'y a pas, sur le billet d'invitation, R. S. V. P., le silence peut passer pour une acceptation.

Si c'est la première fois qu'une personne vous invite, et si l'invitation vous a été faite longtemps d'avance, il est convenable que vous fassiez une visite dans l'intervalle.

Lorsque vous ferez vous-mêmes l'invitation à une famille, ayez soin d'y comprendre les parents ou étrangers qui font partie habituellement ou accidentellement de la maison. Si vous l'omettiez, on en ferait un motif de refus, et vous devriez réparer promptement votre omission en disant que vous entendiez y comprendre les personnes en question.

Il faut arriver un quart d'heure seulement avant

l'heure fixée, pour ne pas s'exposer à embarrasser. Si l'on arrivait trop tôt, il faudrait se promener dans le jardin, ou trouver quelque passe-temps, pour n'être à charge à personne. On ne doit jamais arriver trop tard, car on fait murmurer contre soi, et, si l'on n'a d'excellentes excuses, on est accusé de négligence ou de prétention.

Lorsqu'on avertit que le dîner est servi, les messieurs donnent le bras aux dames les plus qualifiées et les conduisent à leurs places, où ils les saluent. C'est la maîtresse ou le maître de la maison qui ouvre la marche.

Ils se placent en face l'un de l'autre, et font placer les convives à leurs côtés : les deux messieurs les plus honorables, à droite et à gauche de la maîtresse; les deux dames les plus dignes, à droite et à gauche du maître, et les autres à la suite dans le même ordre. Les places du bout sont donc les dernières. Lorsqu'il y a des billets sur les serviettes, chacun prend sa place; s'il n'y en a pas et que les maîtres ne disent rien, chacun se place modestement comme il le juge à propos. L'art de bien placer ses convives consiste, non-seulement à distinguer les dignités, mais à disposer les caractères de manière à ce qu'il y ait agrément pour chacun et pour tous, par le bon voisinage et par l'entrain général de la conversation. Par exemple, on ne met pas auprès les uns des autres les membres d'une même famille, car ils feraient inévitablement de petites causeries à part; on les divise.

Un chrétien dit toujours son *Benedicité*, sans s'occuper de ce que les autres font ou ne font pas.

La nature, l'ordre et l'arrangement des mets se voient dans les livres de cuisine.

Etant placés, vous étendez votre serviette sur vos genoux, et vous attendez qu'un domestique vous apporte le potage, ou que vos voisins vous le passent, à votre tour, si la maîtresse le sert elle-même. Vous le mangez sans bruit et sans aspirer le bouillon; puis vous laissez votre cuiller dans l'assiette. On ne souffle pas dessus, s'il est trop chaud; mais on le remue avec la cuiller, et on attend qu'il soit refroidi.

Si vous avez à vos côtés des dames ou des hommes honorables, vous ne vous laissez point servir avant eux, à moins que la maîtresse ou le maître ne vous adresse positivement le morceau; car alors vous ne pouvez le passer à un autre, sans paraître leur dire qu'ils se trompent : vous acceptez donc l'honneur qu'on veut vous faire.

Plus communément les domestiques découpent les viandes et les passent; vous vous servez, quand on vous présente le plat; mais vous vous gardez de choisir les meilleurs morceaux.

Si les maîtres se chargent du soin de découper, et qu'ils vous prient de les aider, vous le ferez volontiers; mais vous ne devancerez point leur invitation. Si vous étiez trop peu exercés, vous devriez vous excuser très-poliment sur votre maladresse.

L'amphitryon ne vante pas les mets et les vins de

son dîner, si ce n'est en particulier pour exciter quelqu'un à en accepter. Mais les convives peuvent de temps en temps faire un éloge délicat de ce qui les flatte le plus.

Les amphitryons doivent toujours paraître très-gais et sans préoccupation, quoiqu'ils s'occupent extrêmement de tous les convives ; car, s'ils se montraient inquiets, s'ils se chagrinaient d'un incident, d'un oubli, d'une méprise, ils attristeraient la compagnie. De même, si un convive vient à briser ou renverser quelque chose, ils doivent se hâter de dire que ce n'est rien, ou mieux ne point paraître s'en apercevoir, tandis que lui se fait rondement justice : *Que je suis gauche ! je vous demande pardon*, pour n'en plus parler, ni s'en occuper d'aucune sorte, afin que la joie commune n'en souffre pas.

Vous trouverez devant vous plusieurs verres, et on vous offrira plusieurs sortes de vins, mais n'en acceptez que de deux ; mettez de l'eau dans le plus commun, et montrez-vous très-sobres.

Défiez-vous de votre appétit, ne vous rassasiez pas dès le début ; et, vers la fin, souvenez-vous qu'il faut sortir de ces grands repas, sans avoir l'estomac plus chargé qu'aux repas de famille.

Occupez-vous beaucoup de vos voisins ; si vous avez à vos côtés des dames ou des vieillards, constituez-vous leurs serviteurs : versez-leur du vin ; faites-leur donner des assiettes, passez-leur des mets.

Si vous offrez d'un plat, dites : *Aurai-je l'honneur de vous servir de cette omelette, de ces épinards ?* Si, au

13.

contraire, on vous offre, répondez avec un signe d'acceptation ou de refus : *J'accepterai volontiers, avec reconnaissance; — j'ai l'honneur de vous remercier; je n'en prendrai pas.*

On ne retourne point au même plat, on prend peu de ce qui est rare ou très-délicat; on refuse le plus souvent les primeurs, pour ne pas se faire taxer de gourmandise ou de friandise, et surtout par esprit de mortification chrétienne.

Si vous trouvez quelque malpropreté dans votre assiette, rendez-la au domestique, sans en rien dire, pour ne pas dégoûter les convives; faites-le seulement remarquer au domestique, s'il s'agit d'une épingle, d'un morceau de verre, etc., afin qu'on y fasse plus d'attention une autre fois.

Il faut être très-familier pour partager queque chose avec une personne; on doit toujours, en ce cas, céder la meilleure part.

Ne soyez pas trop timides, demandez ce qui vous est nécessaire. N'imitez pas une jeune personne qui, se trouvant à une table très-respectable, laissa emporter sa fourchette qu'elle n'avait pas eu la précaution d'ôter de son assiette, quand le domestique l'enleva; n'osant pas la réclamer et ne sachant plus de quelle manière manger, elle préféra feindre de n'avoir plus faim et sortit de table sans avoir dîné.

Lorsqu'on passe le dessert, vous ne choisissez pas et tâtez encore moins; tout morceau ou tout fruit touché par vous doit être mis dans votre assiette; s'il ne vous convient pas, vous l'y laissez.

On coupe les fruits tendres avec les lames d'argent ou d'or, quand il y en a; et, comme il est défendu de jamais porter son couteau à sa bouche, on les mange avec sa fourchette. Les fruits secs se prennent avec les doigts. On se sert de petites cuillers pour les confitures et le laitage.

A la fin du repas il n'est plus d'usage qu'on se rince la bouche, ni qu'on se lave le bout des doigts.

On ne plie jamais sa serviette dans les repas de cérémonie, parce qu'on suppose que les amphitryons en ont de réserve; mais on la dépose en bouchon sur la table, lorsque la maîtresse en donne l'exemple.

En sortant de table, un bon catholique dit toujours ses Grâces, sans se montrer et sans se cacher.

On reprend ses gants, on passe au salon comme on en est venu, et les hommes y prennent le café et les liqueurs, s'ils les aiment. Après quoi, on se disperse par groupes, pour causer.

La soirée appartient à ceux qui ont invité. Les dames y sont extrêmement portées à la critique, dit une dame très-spirituelle; tous les convives y sont passés en revue. Malheur à ceux qui n'ont pas su leur plaire!

Madame de Bradi raconte ainsi une conversation du célèbre Delille avec un certain abbé Cosson. « Je parie, dit Delille à Cosson, que vous aurez fait cent incongruités à ce dîner. — Comment donc? reprit vivement Cosson fort inquiet. Il me semble que j'ai fait la même chose que tout le monde. — Quelle présomption ! Je gage que vous n'avez rien fait comme personne. Mais voyons, je me bornerai au dîner ; et d'abord, que fîtes-vous de votre serviette, en vous mettant à table ? — De ma serviette ! Je fis comme tout le monde : je la déployai, je l'étendis sur moi, et l'attachai par un coin à ma boutonnière. — Eh bien ! mon cher, vous êtes le seul qui ayez fait cela ; on n'étale point sa serviette, on la laisse sur ses genoux. Et comment fîtes-vous pour manger votre soupe ? — Comme tout le monde, je pense. Je pris ma cuiller d'une main et ma fourchette de l'autre. — Votre fourchette, bon Dieu ! Personne ne prend de fourchette pour manger la soupe ; mais poursuivons. Après votre soupe, que mangeâtes-vous ? — Un œuf frais. — Et que fîtes-vous de la coquille ? — Comme tout le monde ; je la laissai au laquais qui me servait. — Sans la casser ? — Sans la casser. — Eh bien ! mon cher, on ne mange jamais un œuf frais sans briser la coquille ; et après votre œuf ? — Je demandai du bouilli. — Du bouilli ! Personne ne se sert de cette expression ; on demande du bœuf, et point de bouilli ; et après cet aliment ?—Je priai l'abbé de Radonvilliers de m'envoyer une très-belle volaille. — Malheureux ! de la volaille ! On demande du poulet, du chapon, de la poularde ; on ne parle de volaille qu'à la basse-cour... Mais, vous ne dites rien de votre manière de demander à boire. — J'ai, comme tout le monde, demandé du champagne, du bordeaux, aux personnes qui en avaient devant elles. — Sachez donc que tout le monde demande du vin de Champagne, du vin de Bordeaux... Mais dites-moi quelque chose de la manière dont vous mangeâtes votre pain.... — Certainement de la manière de tout le monde, je le coupai proprement avec mon couteau. — Eh ! on rompt son pain ! on ne le coupe pas... Avançons. Le café, comment le prîtes-vous ? — Oh ! pour le coup, comme tout le monde ; il était brûlant, je le versai par petites parties de ma tasse dans ma soucoupe. — Eh bien ! vous fîtes comme ne fit personne ; tout le monde boit son café dans sa tasse, et jamais dans sa soucoupe. Vous voyez donc, mon cher Cosson, que vous n'avez pas dit un mot, pas fait un mouvement, qui ne fût contre l'usage (1). »

Dans les huit jours qui suivent, on doit faire une visite à ceux qui nous ont invités ; les gens mal élevés l'appellent une visite de *digestion.*

Quand on donne un repas, chacun doit consulter son rang et sa fortune ; le luxe et la mesquinerie sont également condamnables entre chrétiens. Mais, dans les dîners les plus familiers, dès lors qu'on y invite un étranger, il faut avoir abondamment le nécessaire. Un fat, qui avait dix fois pressé son ami de venir partager son dîner, le traita si mal que celui-ci ne put le lui pardonner. En se levant, l'amphitryon lui dit : « Voilà mon petit ordinaire ; je vous invite une fois pour toutes ; quand vous voudrez, nous recommencerons.

_____

(1) *Du savoir-vivre en France au dix-neuvième siècle.*

— Eh bien! tout de suite, si vous voulez,» repartit l'autre, qui n'était pas rassasié.

Les dîners se rendent. On n'excepte de cette obligation que les célibataires qui ne sont pas en dignité, et les demoiselles que leur âge ne met pas au-dessus de la règle commune.

# LETTRES

Je ne vous donnerai point ici des leçons de style épistolaire. Cependant je vous dirai d'abord qu'il faut mettre l'orthographe, parler clairement et correctement, sans être trop long, ni trop court, puis prendre le ton qui convient à chaque genre de lettre, et enfin tenir compte des usages reçus, pour le matériel comme pour le moral.

Or, il est reçu que le matériel doit surtout répondre à la dignité de celui à qui l'on écrit, comme le style doit répondre au sujet que l'on traite.

On n'écrit aux rois et aux ministres que sur de très-grand papier et à mi-marge. Les dimensions du papier diminuent avec la dignité ou le rang. Le petit papier est toujours familier.

Le papier orné n'est permis qu'aux enfants et aux jeunes dames; la simplicité est partout de bon goût.

Lorsqu'on est en deuil, on se sert de papier portant une raie noire sur les bords.

Les administrateurs usent de papier à tête, qui les autorise à mettre toujours la date en haut, comme le font tous les gens d'affaires. En dehors du commerce, il est respectueux de ne mettre la date qu'à la fin.

Il est malhonnête d'écrire sur une feuille simple ou demi-lettre.

La vedette, c'est-à-dire le titre, *Monsieur, Madame*, etc., et la première ligne du corps de la lettre, se mettent plus haut ou plus bas, selon le degré de respect qu'on veut marquer. Ainsi, la vedette au premier tiers de la page et la première ligne au second sont tout à fait respectueux. Mais on ne se permet de mettre la première ligne à trois ou quatre doigts du haut qu'avec ses amis ou ses inférieurs. En écrivant à ces derniers, on peut même se dispenser de la vedette; mais on y supplée, dès la première ligne, en y intercalant un vocatif aimable : *Je suis bien aise, mon cher enfant, que vous ayez....*

On ne laisse plus de marge dans les lettres ordinaires.

La vedette doit se composer du mot *Monsieur, Madame, Mademoiselle,* suivi du principal titre de la personne à qui l'on s'adresse. En écrivant à des parents, à des amis, on ajoute à leur titre de parenté un mot tendre et affectueux : *Mon cher* ou *Mon bien-aimé père, Mon cher et vénérable ami,* etc.

La première ligne ne doit jamais commencer par la répétition du mot de la vedette, mais, dès la deuxième ligne, il convient de mettre les titres honorifiques de ceux à qui la politesse veut qu'on parle à la troisième personne : *Votre Sainteté, Votre Éminence, Votre Majesté, Votre Altesse, Votre Grandeur,* etc., sans vocatif.

Devant tous les noms propres ou de dignité, mettez invariablement les mots : *Monsieur, Madame, Mademoiselle,* en toutes lettres : *Monsieur Vichy, Madame la duchesse de Vire,* etc. Ne mettez jamais en abrégé les termes honorifiques, ni en chiffres les nombres que vous exprimez dans l'intérieur de la lettre, à moins que ce ne soit une date ou un numéro.

Les règles de politesse reçues pour la conversation s'appliquent avec plus de rigueur encore dans les lettres, où celui qui parle est supposé avoir le temps de réfléchir à ce qu'il écrit. C'est pour la même raison qu'on n'y pardonne pas les fautes de grammaire.

Disons, en passant, qu'il faut être fort discret dans ses lettres et ne jamais oublier cet adage si instructif : « *Verba volant, scripta manent;* les paroles s'envolent, mais ce qui est écrit demeure. »

Quand on est peu exercé, il convient de faire d'abord un brouillon; et, quand on écrit des choses de conséquence, garder soigneusement un double : c'est la pratique des administrateurs et des commerçants.

On doit répondre à toutes les lettres qu'on reçoit, à moins que l'intention contraire ne soit clairement manifestée de la part de ceux qui ont écrit les premiers.

On n'écrit point deux dans une même lettre à une personne qu'on respecte, et on ne peut la charger de commissions pour une autre. Tout au plus peut-on dire à un mari : *Permettez que Madame* (ajoutez son nom propre) *trouve ici l'expression de mon très-humble respect;* ou mieux : *Permettriez-vous ?* Et on le fait avec plus d'esprit que ce bon vieillard écrivant à son seigneur : *J'embrasse madame la duchesse et son petit bonhomme.*

Sachez être graves et respectueux avec vos supérieurs, gais et plaisants avec vos amis, sans être bouffons, et polis envers les dames, sans être affectés; avec elles, employez constamment les formules : *J'ai l'honneur;* — *daignez me permettre,* — *souffrez que,* et n'exigez d'elles rien de semblable.

Parlez très-peu de vous, à moins que ce ne soit une nécessité ou le but même de la lettre. Ici, comme ailleurs, il faut s'oublier soi-même pour ne songer qu'à se rendre agréable aux autres.

Les lettres de fête et de bonne année doivent arriver le jour même; les autres ne doivent jamais être en retard. L'exactitude de la correspondance est de bon ton. Si, par négligence, vous avez trop tardé, n'ayez pas recours à de vaines excuses, pires que la faute; mais avouez votre tort, et n'en parlez plus.

Pour la clarté, ayez soin de mettre dans des alinéas distincts les différentes matières que vous traitez.

La manière de terminer les lettres est de la plus grande importance. Elle révèle les sentiments de celui qui écrit et marque très-expressément son respect, ou son estime, ou son affection, pour la personne à qui il s'adresse. Une des formules les plus respectueuses est celle-ci :

*Je suis avec un profond respect,* ou *la plus profonde vénération,*

    *Sire* ou *Monseigneur,*

        *de Votre Majesté* ou *de Votre Grandeur,*

          *le très-humble et dévoué serviteur.*

Aujourd'hui on préfère : *Je suis* à *J'ai l'honneur d'être...* Les termes de la vedette doivent toujours être répétés ici et mis à la ligne, même dans les lettres simplement respectueuses ; on ne les supprime ou intercale que dans les lettres familières.

La formule dont on use envers les personnes honorables, mais non supérieures, exprime les idées suivantes :

*Je suis, avec une parfaite estime, une considération très-distinguée ; — je vous prie d'agréer la parfaite considération avec laquelle je suis,*

*Madame, Monsieur,*

*Votre très-dévoué,* ou *très-humble serviteur.*

On peut varier à l'infini ces formules, pourvu qu'on ne confonde pas les idées qui expriment la position respective des personnes.

Un fils qui écrit à son père, comme je l'ai vu faire tant de fois : *Ton fils bien-aimé,* fait un contre-sens ; ce ne sont pas les sentiments de ses parents qu'on doit exprimer, mais les siens : *Ton fils qui t'aime tendrement.* Il est plus ridicule encore de mettre : *Je suis pour la vie ton fils,* ou *ton frère.* Qui en doute ? C'est une niaiserie.

Les formules familières sont plus faciles encore à varier, parce qu'on n'est pas lié par l'étiquette et qu'il y a plus de manières de dire des choses affectueuses, entre personnes intimes. Les plus spirituelles, les plus délicates, celles où le cœur et l'esprit se peignent avec le plus d'amabilité, sont les meilleures. Quelquefois on peut se permettre de plaisanter :

*Vous présenterai-je mon respect? Voulez-vous que j'aie l'honneur d'être?... Non, je vous embrasse tout bonnement, comme je vous aime.*

Aux uns, on peut dire en marquant quelque supériorité : *Vous pouvez compter sur mon dévouement et ma tendre affection;*

A d'autres, avec plus d'égalité : *Je suis heureux de vous renouveler, en cette occasion, l'assurance de ma plus sincère amitié;*

Ou plus familièrement : *Adieu, cher ami, tu connais mon cœur pour toi;* ou plus brièvement encore : *Tout à toi.*

On peut ajouter ou omettre à volonté quelques mots, comme ceux-ci :

*Votre tout dévoué, votre vieil ami, votre cousin, ton ami, etc.*

Les prêtres et les religieux ajoutent ordinairement à ces formules quelques paroles de piété; beaucoup d'excellents chrétiens les imitent avec raison.

En général, ces conclusions amicales doivent découler tout naturellement du sujet de la lettre, du service qu'on rend ou qu'on demande, de la preuve d'amitié que l'on donne on des observations que l'on adresse, du temps et de l'occasion, enfin de mille circonstances, qu'il est impossible de spécifier.

Les P.-S. (post-scriptum) sont sans gêne, on ne les tolère qu'entre amis.

Aujourd'hui on se sert communément d'enveloppes pour les lettres tant soit peu respectueuses ; elles sont de rigueur envers les supérieurs. La dimension des enveloppes, comme celle de la lettre, doit être proportionnée à la dignité de celui auquel on écrit. Si l'on se passe d'enveloppe, il ne faut pas du moins plier ses lettres comme de petits paquets de graines, par les deux bouts.

Les cachets en cire d'Espagne sont les plus dignes. La cire rouge convient aux hommes ; on abandonne en général aux jeunes gens et aux dames les autres couleurs. On ne se sert plus guère de pains à cacheter depuis que les enveloppes à colle ont prévalu.

On ne cachette pas les lettres de recommandation qu'on remet à la personne recommandée, à moins qu'on ne les ait lues devant elle. Mais on peut cacheter, pourvu qu'il n'y ait pas d'affectation, les lettres ordinaires dont on charge une personne obligeante, partant pour un voyage.

Ceux qui soignent les moindres détails posent leur cachet renversé, quand ils écrivent à des supérieurs, de côté pour des égaux, et droit pour des inférieurs.

Beaucoup de personnes ne mettent plus sur l'adresse qu'une seule fois le mot *Monsieur* ou *Madame;* on y ajoute le principal titre, avec le numéro et la rue, puis le nom de la ville et celui du département. Ceux qui veulent introduire un ordre inverse, doivent y renoncer, quoi qu'ils en disent. Il importe d'écrire très-lisiblement, et de mettre parfaitement l'orthographe des noms propres. Ainsi :

> *Monsieur de La Rosière,*
>
>   *12, rue du Bengale,*
>
>       *Lyon* (Rhône).

Pour les hauts personnages on met : *A Sa Majesté,* *à Son Altesse Monseigneur le duc, à Son Éminence le cardinal de...*

On affranchit les lettres qu'on écrit à ses supérieurs, aux administrations, et à toutes les personnes auxquelles on demande un service. Lorsqu'on oblige, au contraire, on n'est pas tenu d'affranchir. Autrefois on n'affranchissait pas davantage en écrivant à ses amis; mais, depuis les nouvelles lois sur la taxe et l'usage des timbres, chacun semble être convenu d'affranchir toutes ses lettres, par raison d'économie.

Voilà, mes chers enfants, les principales règles autorisées par l'usage en France; je ne pourrais entrer dans plus de détails, sans sortir du cadre étroit que je me suis tracé, et je vous renvoie, pour le reste, aux conseils de vos maîtres et de vos parents, lorsque vous en aurez besoin.

# CONCLUSION

Il existe, mes chers enfants, beaucoup d'usages particuliers à chaque pays, dans le détail desquels je ne puis entrer. Quand ils sont honnêtes, il faut s'y conformer : c'est un principe général de politesse ; mais, quand ils blessent la foi ou les mœurs, il faut absolument les repousser : c'est un principe inviolable de conscience.

Il est surtout des circonstances, à propos desquelles la diversité des coutumes est étonnante, et dans lesquelles on a plus souvent besoin de faire la distinction du bien et du mal : ce sont les baptêmes, les mariages, les décès et certains autres événements. Chaque province et quelquefois chaque canton a ses coutumes. On y voit des bizarreries étranges et souvent des abus inconcevables. Qui le peut ignorer ?

La superstition, l'imprudence, le ridicule, y ont leur place ostensiblement ; et toutes les réclamations de la religion, de l'honneur et du bon sens ne peuvent quelquefois détruire ces vieilles sottises.

Pour vous, enfants chrétiens, qui devez être en toute occasion des hommes de foi et d'esprit, vous ne participerez jamais à ces extravagances, souvent coupables; et vous empêcherez absolument qu'elles aient lieu chez vous et partout où vous aurez le droit de les interdire.

Faites noblement tout ce que vous ferez, abstenez-vous de tout ce qui est malséant, et repoussez avec dignité tout ce qui est condamnable.

Si vous êtes riches, ne soyez pas parcimonieux; si vous êtes pauvres, n'acceptez pas des honneurs dont vous ne pourriez pas faire convenablement les petits frais; ou, si vous croyez qu'on tient à vous, déclarez franchement ce que votre fortune vous permet de faire, afin qu'on n'attende pas davantage de votre acceptation.

Les grandes pensées de la foi doivent dominer tous vos actes. Si vous êtes parrains, par exemple, songez que vous contractez l'obligation de veiller sur l'âme de l'enfant, à défaut de ses parents. Si vous assistez à un enterrement ou à un office des morts, n'oubliez pas qu'il s'agit beaucoup moins de faire un acte de présence agréable à la famille, que de prier pour le défunt qu'elle pleure. Si vous figurez dans quelque cérémonie, pour complaire à des amis, ne perdez pas le mérite de votre obligeance, en ne songeant qu'à l'homme; mais sachez offrir à Dieu une action que la charité vous inspire.

Je veux, au reste, mes chers enfants, terminer ces longues causeries sur les bienséances par un avis général, bien grave, bien important : La foi nous enseigne que le terme de toutes nos pensées et de toutes

nos œuvres doit être la gloire de Dieu et le salut de
nos âmes, comme conséquence; ne serait-il pas bien
fou et bien ridicule à nous de faire tant de sacrifices,
qu'impose la politesse, pour obtenir seulement un sourire ou un remerciement stérile d'une créature? tandis
qu'il est si raisonnable et si facile de nous en faire un
mérite pour le ciel! C'est évidemment ainsi que tout
chrétien doit l'entendre. C'est donc ainsi que vous
devez le pratiquer.

D'ailleurs ces vues surnaturelles seules sont propres
à soutenir votre abnégation, à fortifier votre patience,
à faire croître votre charité jusqu'à l'héroïsme. Lorsqu'il vous faudra contrarier votre humeur et humilier
votre orgueil; lorsque vous aurez à supporter les caprices et l'orgueil des autres; lorsque vous devrez op-
poser à la colère une inaltérable douceur, aux injures
et à la sottise une bienveillante politesse, aux procédés
haineux et indélicats la conduite la plus généreuse et
la plus loyale, n'aurez-vous pas besoin de la vertu d'en
haut? Contiendrez-vous l'impétuosité de votre caractère, si vous ne jetez un regard sur le Calvaire où vers
le ciel? Supporterez-vous imperturbablement le mar-
tyre de la contradiction, si vous ne regardez la cou-
ronne que les anges vous destinent? Non, sans doute;
car il n'y a que la foi qui calme les tempêtes du cœur
et qui verse un baume infaillible sur ses plaies. C'est
donc à Dieu seul que vous devez demander le courage
et la récompense.

Vous vous êtes étonnés peut-être que je vous aie

peint le commerce du monde comme une source de pénibles sacrifices. Hélas! mes chers enfants, vous apprendrez bientôt que je ne vous ai point trompés et que la grande vertu d'ici-bas, c'est la patience. Je ne veux pas vous attrister, Dieu m'en garde! mais je veux vous avertir, comme on avertit des soldats courageux, que la bataille est prochaine et qu'elle sera terrible. Ils ne s'en épouvantent point, mais ils s'écrient bravement : Bon! la victoire en sera plus glorieuse. Préparez donc joyeusement vos armes, jeunes soldats de Jésus-Christ. Faites provision de vertus, et marchez ensuite à la victoire.

C'est à vous d'apprendre au monde en quoi consiste l'éducation chrétienne et comment on y comprend la politesse. Car il s'imagine trop souvent que la piété n'est point aimable, mais ignorante et sauvage, tandis qu'elle ajoute aux plus belles vertus sociales un parfum délicieux. Est-il rien qui soit comparable à la douceur d'un François de Sales, à la gaieté d'un Xavier, à la bonté d'un Vincent de Paul, à la candeur d'un Louis de Gonzague? Est-il rien qui touche le cœur, comme la modestie d'un saint jeune homme? Est-il rien qui saisisse l'âme, comme sa tendre charité? Est-il rien qui réjouisse les yeux, comme a pureté de son front, l'aménité de son regard, la suavité de son sourire, la simplicité de ses manières? Supposez-le rempli de talents et fait aux usages de la bonne société, n'aurez-vous pas le plus aimable des jeunes gens? Assurément, il n'y a que la religion, par qui les âmes sont sancti-

fiées, qui répande sur les qualités naturelles des charmes si purs et si vrais. Eh bien ! c'est à vous, mes bons
amis, de présenter au monde ces modèles de sagesse
et de politesse, dans l'âge même de la légèreté. Vous y
réussirez certainement, à la gloire de Dieu et à votre
honneur, si vous êtes fidèles aux leçons que nous vous
avons données.

FIN,

# TABLE




4963. — Paris. — Imp. de Ch. Noblet, 13, rue Cujas. — 1877.

www.ingramcontent.com/pod-product-compliance
Ingram Content Group UK Ltd.
Pitfield, Milton Keynes, MK11 3LW, UK
UKHW020135130726
13696UKWH00001B/371